o viajante
+

FAMÍLIA **VIAGEM** GASTRONOMIA MÚSICA CRIATIVIDADE

© 2018 Zizo Asnis

Uma mensagem assustadora dos nossos advogados para você:
Nenhuma parte desta publicação pode ser reproduzida, armazenada ou
transmitida, sem a permissão do editor.

Se você fez alguma dessas coisas terríveis e pensou "tudo bem, não vai acontecer
nada", nossos advogados entrarão em contato para informá-lo sobre o próximo
passo. Temos certeza de que você não vai querer saber qual é.

Este livro é o resultado de um trabalho feito com muito amor, diversão e gente
fínice pelas seguintes pessoas:
Gustavo Guertler (edição), Fernanda Fedrizzi (coordenação editorial), Iami
Gerbase (assistente editorial), Luciana Barro e Vinícius Rauber (colaboração),
Mônica de Curtis Boeira e Germano Weirich (revisão), Celso Orlandin Jr.
(projeto gráfico), Nik Neves (capa) e Mariana de Curtis Boeira (ilustrações).
Obrigado, amigos.

2018
Todos os direitos desta edição reservados à
Editora Belas-Letras Ltda. e O Viajante - Trilhos e Montanhas
Rua Coronel Camisão, 167
CEP 95020-420 – Caxias do Sul – RS
www.belasletras.com.br

Dados Internacionais de Catalogação na Fonte (CIP)
Biblioteca Pública Municipal Dr. Demetrio Niederauer
Caxias do Sul, RS

A836p	Asnis, Zizo
	Partiu! Tudo o que você precisa saber para viajar pelo
	mundo / Zizo Asnis. _Caxias do Sul: Belas Letras;
	O Viajante, 2018.
	234 p.
	ISBN: 978-85-8174-409-4
	978-85-8174-414-8
	1. Viagem - Turismo I. Título.

| 17/84 | CDU 656.022.33 |

Catalogação elaborada por
Maria Nair Sodré Monteiro da Cruz CRB-10/904

ZIZO ASNIS

PARTIU!

TUDO O QUE VOCÊ PRECISA SABER PARA VIAJAR PELO MUNDO

o viajante + Belas Letras

VIAJAR É
VIVER EM SUA
PLENITUDE:
É AMADURECER
E REJUVENESCER.

ZIZO ASNIS

À memória do meu pai, Júlio, e à
afetuosidade da minha mãe, Sarita.

As duas pessoas que me deram tudo
o que precisei – amor, princípios
e educação – para que eu pudesse
iniciar todas as partidas.

UM GRANDE AGRADECIMENTO:

à Mônica, minha querida revisora, que mais do que corrigir regências e concordâncias, há anos me ensina carinhosamente os truques da língua portuguesa, e, neste livro, ainda contribuiu com as suas experiências de viagem;

à outra Mônica de minha vida, que há mais de 20 anos compartilhou comigo as aventuras de viver em Londres, depois me apoiou na aventura de criar O Viajante e hoje, generosamente, me hospeda sempre que eu me aventuro por São Paulo;

e a todos que cruzaram meu caminho durante minhas andanças, ajudando a me tornar o viajante que sou hoje.

SUMÁRIO

INTRODUÇÃO	15
1. DÚVIDAS BÁSICAS	17

O QUE VOCÊ PRECISA SE PERGUNTAR (E RESPONDER) PARA PARTIR

ONDE? o destino	18
QUANDO? a época	24
QUEM? a parceria	27
COMO? o transporte	28
POR QUÊ? o motivo	29
QUANTO? o dinheiro	32

2. PLANEJAMENTO 35
O QUE É BOM SABER ANTES DE PARTIR

Agências de viagens	36
Alfândega	37
Câmbio	39
Cartões de crédito	43
Compras	46
Comunicação e conexão	50
Dinheiro	53
Fuso	54
Guias de viagem	57
Informações turísticas	61
Língua estrangeira	62
Mala ou mochila	65
Passagem aérea	68
Passaporte e outros documentos	72
Roupas	74
Saúde	77
Segurança	82
Seguro-viagem	86
Tecnologia	88
Tomadas	90
Vacinas	92
Vistos	92

3. OS VIAJANTES 97
QUEM É VOCÊ NA HORA DE PARTIR

Aventureiros	98
Cadeirantes	101
Crianças	102
Estudantes	106
Gays	111
Humanitários	116

Idosos	119
Mochileiros	120
Mulheres	123
Nômades digitais	126
Religiosos	128
Trabalhadores temporários	135
Travel writers	138

4. TRANSPORTES 141
PARTIR, COM QUE MEIO?

Avião	142
Carro	167
Ônibus	176
Trem	180
Navio	204
Bicicleta	206
Carona	211

5. ECONOMIA 215
PARTIR GASTANDO POUCO

Por onde viajar	216
Quando viajar	220
Para comprar a passagem	220
Voar de graça	223
Transportes a utilizar	223
No aeroporto	225
Onde dormir	226
Para se locomover nas cidades	228
Para passear	229
Onde/o que comer	230
E ainda	232

INTRODUÇÃO

Não sei a partir de quando eu deveria começar a contar "há quanto tempo viajo". De quando tinha 1 ano, idade em que fui com toda a família ao litoral gaúcho? Dos 7 anos, quando estive no Rio e em Salvador com meus pais, meu irmão e minha irmã? De quando tinha 11, ocasião em que fui com o pai e a mãe para o Uruguai (minha primeira viagem internacional!)? Dos 17 anos, quando acampei com os amigos em Santa Catarina? Ou a partir dos 21, quando fiz meu primeiro mochilão pela Europa, em 1989, no lendário ano em que caiu o Muro de Berlim?

O fato é que depois não parei mais. No segundo mochilão pela Europa (em 1994 e 95) – que incluiu também a Ásia –, passei a planejar um trabalho que envolvesse viagens. E esse projeto começou a se concretizar em 1999, quando voltei ao continente europeu – desta vez para escrever um guia de viagens.

Nesse mesmo ano, lancei o site O Viajante e, no ano seguinte – ou no novo século, no novo milênio, porque o mundo não acabou quando entramos no ano 2000 –, o Guia Criativo para O Viajante Independente na Europa, o primeiro guia de viagens feito por e para brasileiros. E depois veio o Guia da América do Sul, nova edição do Guia Europa, nova edição do América do Sul e por aí foi.

Somando esses dois continentes, já fiz 10 edições do Guia Europa (a última, com 50 países) e 7 edições do Guia América do Sul, além de guias só de Londres, da Argentina, do Chile e do Uruguai e ainda de dois estados brasileiros, Santa Catarina e Rio Grande do Sul.

Visitar Inglaterra, Patagônia, Amsterdã, Machu Picchu, Atacama virou trabalho. Mas percorrer Tailândia, Bahia, Canadá, Mongólia, Etiópia é quase férias. Quase.

Férias ou trabalho, tanto faz. Curto o que faço, e o que faço não é somente viajar, mas viajar e compartilhar – contando "fiz isso e foi legal, vá pra lá também!" ou "cuidado, ali é roubada!".

E é sobre isso que este livro trata: sobre as experiências, boas ou ruins (muito mais boas do que ruins), de um cara que passou as últimas décadas viajando por mais de 80 países e que, ao longo de uma porção de páginas, divide com você um monte de informações – fruto de muita vivência pessoal, mas também de estudo, de pesquisa e da contribuição de amigos viajantes.

Tudo para que você possa ter a sua própria vivência. E se apropriar do título deste livro como o início de suas histórias. Partir?! Então parta pra página seguinte!

Zizo Asnis

1 DÚVIDAS BÁSICAS

DÚVIDAS BÁSICAS

O QUE VOCÊ PRECISA SE PERGUNTAR
(E RESPONDER) PARA PARTIR

ONDE? ✈ o destino

Você tem um sonho antigo: deseja enlouquecidamente visitar Nova York. Ou Londres. Austrália. Índia. Israel. Marrocos. Afeganistão. Gramado. Pindamonhangaba. Bom, você já definiu o seu destino. Ou não.

Muita gente quer viajar, mas não sabe para onde... OK, compreensível, você quer mudar de ares, ver gente diferente, paisagens novas. Contanto que saia de casa, todo lugar está valendo (tá, o Afeganistão fica para mais adiante...).

Deixe-se influenciar: considere a visão de amigos, blogueiros, fotógrafos, escritores de guias de viagem. Deixe-se influenciar – mas com parcimônia. Afinal, o seu amigo pode ter um estilo de viagem bem mais conservador (ou despojado) do que o seu, o blogueiro pode estar sendo patrocinado (e talvez não tão sincero no que diz), o fotógrafo pode ter retocado a foto publicada no Instagram (e o cenário real pode ser bem diferente do da foto tratada), e o escritor de guias pode ter impressões diferentes das suas (estava mal-humorado quando visitou o local).

Mas tudo bem: com uma pontinha de desconfiança, vale dar um crédito a todos. Apenas faça também as suas pesquisas complementares. Entenda o destino. Comece a conhecê-lo antes de comprar a passagem. Tenha uma noção da cultura, das atrações e das paisagens que irá encontrar.

No fim, o que prevalece mesmo é a sua vontade: o que você quer fazer na sua viagem, o cenário que deseja contemplar, o ar que pretende respirar – e, claro, a grana que você se dispõe a gastar (a investir em você, a investir em você!).

As possibilidades são infinitas. Destaco a seguir algumas motivações de viagens, e, dentre elas, alguns destinos que eu escolheria:

PRAIAS: viaje pelo Brasil, claro, em especial pelo Nordeste e pelos estados de Santa Catarina, São Paulo e Rio de Janeiro. Com mais grana (bem mais, na real), a pedida é Fernando de Noronha. Vale também considerar o litoral do Uruguai, não muito distante. Ou, tempo e fundos permitindo, as praias do Caribe, as praias do Sudeste Asiático (Tailândia, principalmente), ou, ainda, as praias das ilhas gregas e das ilhas do Pacífico.

NATUREZA: é só escolher algum destino do nosso Brasilzão – dos cânions do Sul (RS/SC) à Amazônia no Norte (AM/PA, principalmente), e no meio de tudo isso, há as Cataratas do Iguaçu (PR), o Pantanal (MT/MS), Bonito (MS), os Lençóis Maranhenses (MA), as Chapadas Diamantina (BA), dos Guimarães (MT), dos Veadeiros (GO), das Mesas (MA) e vários parques nacionais, encontrados em quase todos os estados brasileiros. Se tem algo que não falta no nosso país é uma natureza exuberante.

CIDADES E LOCAIS HISTÓRICOS: bacana é visitar lugares que nos trazem um pouco da história do nosso povo, do nosso país ou da região onde vivemos – vale aprender *in loco* ou relembrar o que foi aprendido nas aulas de História do Brasil. Aí pode ser uma boa visitar as Missões Jesuíticas (RS); Laguna (SC); a Rota do Café (SP); Petrópolis (RJ); várias cidades mineiras, como Ouro Preto, Mariana, Tiradentes, São João del-Rei, Diamantina (MG); Goiás Velho (GO), terra da poetisa Cora Coralina; Salvador (BA); Marechal Deodoro (AL); Olinda (PE); Alcântara (MA). Nos países vizinhos, importante mencionar Colônia do Sacramento (Uruguai), Potosi (Bolívia), Cusco (Peru). E, claro, não se pode deixar de fora Portugal, a nação – você sabe – responsável pelo Descobrimento e pela Colonização do Brasil.

CIDADES VIBRANTES: museus, galerias, monumentos, centros culturais, prédios históricos, construções de arquitetura arrojada, excelentes restaurantes, bares, mercados, feiras, livrarias, teatros, praças, parques, shows, vida noturna intensa. Tudo isso e um pouco mais é encontrado em grandes cidades – uma grandeza que não é necessariamente o reflexo do tamanho do centro urbano, mas do cosmopolitismo que absorve várias culturas e as oferece de volta potencializadas nos campos da arte, do entretenimento e da gastronomia. São destaques por serem cidades excitantes – e levo em conta a infraestrutura de transporte e a segurança pública para outorgar a denominação de "destaque" (porque não adianta ter boas atrações se o acesso para chegar aos locais for ruim ou se o povo tiver medo de sair de casa) –, mais ou menos em ordem, por critérios empíricos e subjetivos: Londres, Nova York, Berlim, Madri, Paris, Amsterdã, Lisboa, Barcelona, Dublin, Copenhague, Chicago, Miami, New Orleans, Toronto, Vancouver, Montreal, Melbourne, Sydney, Dubai, Hong Kong, Tóquio, Tel Aviv, Santiago, Buenos Aires, São Paulo, Lima, Cidade do México.

MONTANHAS E VULCÕES: no Brasil, temos serras bonitas, mas não montanhas de grandes altitudes – muito menos vulcões. Essa paisagem, no entanto, pode facilmente ser encontrada próximo a nós, aqui, na América do Sul – inclusive a maior montanha das Américas, o Aconcágua, com 6.967m, na Argentina. Todo o visual da Cordilheira dos Andes é fascinante – além da Argentina, a cordilheira abrange o Chile (os dois países são os que têm os pontos mais altos), a Bolívia, o Peru, o Equador, a Colômbia e a Venezuela. Você pode conhecer todos eles com o seu próprio carro, desde o Brasil – o que é ótimo: para onde e quando quiser e se aclimata à subida aos poucos. Vulcões, da mesma forma, oferecem uma paisagem singular, e alguns dos mais interessantes estão na Argentina, no Chile e no Equador. Na América Central também se encontram muitos vulcões, principalmente na Costa Rica, na Nicarágua, em El Salvador e na Guatemala.

SÍTIOS ARQUEOLÓGICOS: civilizações antigas deixaram seus rastros por vários lugares do mundo. Na América hispânica, no Peru, fica aquela que é provavelmente a cidade perdida mais famosa do mundo, Machu Picchu, legado inca; na Bolívia, reinam as ruínas de Tiwanaku, civilização pré-incaica. Na América Central, em Honduras, encontram-se as ruínas de Copán, pirâmides construídas pelos maias; desta civilização também há vestígios na Guatemala, como na antiga cidade de Tikal. Na América do Norte, o México guarda relíquias dos maias e dos astecas. Na Europa, a Itália e a Grécia preservaram muitos monumentos dos impérios romano e grego. No nordeste da África, o Egito é imbatível com suas pirâmides. Na Ásia, a Turquia, o Irã, a China, a Índia, o Camboja, Israel e a Jordânia são alguns dos países que oferecem preciosos sítios arqueológicos.

VESTÍGIOS DA HISTÓRIA RECENTE: esses locais – que invariavelmente refletem a perversidade da civilização – certamente não são os mais divertidos para visitar, mas fazem parte da História e converteram-se numa inestimável aula de cidadania; por isso, devem ser conhecidos e compreendidos – até para que os fatos que retratam não se repitam. Um dos piores sem dúvida foi Auschwitz, na Polônia: foram criados vários campos de concentração na Europa, mas este foi o mais tenebroso de todos, onde morreu, durante a Segunda Guerra, expressiva parte das 6 milhões de vítimas, grande maioria judeus. Outros locais que foram palco de acontecimentos infames – e que hoje rememoram esses fatos: o Muro de Berlim, na Alemanha; o Museu das Vítimas de Genocídio (também conhecido como Museu KGB), em Vilnius,

DÚVIDAS BÁSICAS **21**

na Lituânia; Perm-36, na Rússia, campo de trabalhos forçados (gulag), na Sibéria – esses três, de diferentes formas, retratam a corrupção moral e a índole homicida do Comunismo. Ainda na Europa, Sarajevo, a capital da Bósnia, exibe muitas marcas deixadas pela Guerra dos Bálcãs. O Museu do Apartheid e a cidade de Soweto, na África do Sul, revivem tristes episódios do regime segregacionista. O Memorial do Genocídio, em Kigali, Ruanda, preserva a memória do sangrento genocídio em que hutus assassinaram, em cem dias, mais de um milhão de tutsis. O Museu do Genocídio e os Campos Assassinos (Killing Fields), no Camboja, revelam os horrores cometidos pelo ditador Pol Pot. O Museu dos Vestígios da Guerra, em Ho Chi Minh, Vietnã; o Memorial da Paz (Cúpula da Bomba Atômica), em Hiroshima, no Japão – ambos tratam de guerras dos EUA com estes dois países asiáticos. Mais próximo de nós, o Museu da Memória e dos Direitos Humanos, em Santiago, no Chile, homenageia os desaparecidos e as vítimas da ditadura militar do governo Pinochet.

REGIÕES VINÍCOLAS: conhecer locais que têm tradição na viticultura não é bacana apenas para quem curte vinhos (que deve saborear as degustações que a maioria das bodegas oferece), mas para quem curte viajar em geral, pois esses lugares, com seus campos de parreirais, costumam apresentar belíssimas paisagens rurais. Você encontra rotas de vinho no Brasil (arredores de Bento Gonçalves/RS), na Argentina (próximo a Mendoza), no Chile (próximo a Santiago), no Uruguai (arredores de Montevidéu), nos Estados Unidos (na Califórnia), na França (regiões de Alsácia, Bordeaux, Borgonha, entre várias outras), na Itália (região da Toscana), na África do Sul (próximo à Cidade do Cabo), na Austrália (região de Barossa Valley).

E aos mochileiros: para onde viajar? Tudo depende de sua experiência viajante!

MOCHILÃO PARA PRINCIPIANTES: Europa. Você pode mochilar por qualquer lugar do planeta, mas o continente europeu é provavelmente o melhor de todos para uma primeira vivência desse excitante modo de viajar. É em geral seguro – e esbanja hostels por todos os lados, onde você sempre encontrará outros mochileiros para trocar experiências. Além disso, toda cidade europeia conta com atrações gratuitas. Também é muito fácil se locomover de um país a outro: se você estiver apertado de grana, vá de ônibus ou de avião (com as companhias aéreas de baixo custo); se estiver um pouco mais folgado, invista no trem, até mesmo num passe de trem. A escolha dos países é com você, mas saiba que Espanha, França, Itália, Alemanha, Holanda e Inglaterra costumam aparecer nos roteiros dos viajantes.

MOCHILÃO PARA INTERMEDIÁRIOS: América do Sul. Já viajou um pouco pelo Brasil? Mochilou pela Europa? Chegou a vez do nosso continente. Claro, você não precisa ter viajado pela Europa para conhecer a América hispânica, mas é bom que tenha ao menos alguma experiência de viagem. Viajar pelos nossos países vizinhos não é difícil, mas tenha em mente que não é tão fácil como pela Europa – nem toda cidade tem albergue (embora as mais turísticas sempre contem com vários), percorrer os territórios e atravessar as fronteiras pode ser um pouco mais trabalhoso, e há sempre a questão da segurança (mas, como eu sempre digo, raros lugares no mundo são mais perigosos do que o Brasil, e, na real, tem que se cuidar em qualquer lugar). Em compensação, há facilidades, como o idioma (se não fala espanhol, sempre se pode improvisar no portunhol), a proximidade com o Brasil e o custo de vida mais baixo do que na Europa. A América Central pode ser uma sequência de viagem, mas aí já se está um pouco mais longe do Brasil, chegar até lá por meio terrestre é mais complicado e pelo meio aéreo bem mais caro.

MOCHILÃO PARA INTERMEDIÁRIOS 2: Sudeste Asiático. Outra região que, com um pouco mais de experiência, merece ser conhecida é aquela onde estão a Tailândia, o Vietnã, o Laos, o Camboja, a Indonésia. Pode ser caro para chegar até esses países desde o Brasil, mas, estando por lá, é tudo baratíssimo. Não ostenta a organização da Europa, mas os serviços funcionam bem. E você sempre encontrará outros viajantes. Requisito essencial para aproveitar o Sudeste Asiático é estar aberto para uma cultura não ocidental, diferente da nossa (estar disposto, por exemplo, a provar a comida local – mas não, você não precisa comer aranhas e besouros), e falar um mínimo de inglês.

MOCHILÃO PARA AVANÇADOS: África. Desbravar este continente não é para qualquer viajante. A maioria dos países exigem visto, a infraestrutura turística nem sempre é 5 estrelas (aliás, dependendo do lugar, nem 4, nem 3, nem 2...), muitas nações estão em conflito, e atravessar um território e cruzar fronteiras pode ser bem trabalhoso. Definitivamente, a África não é para viajantes amadores. No entanto, quem se aventurar irá encontrar uma terra lindíssima, quase sem estrangeiros (leia-se não africanos, exceto nos lugares mais turísticos, claro), com uma rica fauna (procure fazer um safári), cidades e vilarejos genuínos e um povo batalhador. Também irá curtir estar num lugar ainda longe do turismo de massa.

QUANDO? ✈ a época

Me diga o que vem primeiro: o lugar para onde você deseja ir ou o período do ano em que você pode viajar?

No primeiro caso, avalie se faz diferença o almejado destino em algum período do ano. O clima quente, frio, seco, chuvoso, faz uma grande diferença? Claro que ninguém quer se deparar com extremos climáticos, e muito menos com um temporal – mas até que ponto tudo isso pode comprometer o seu prazer? Se você vai para uma região litorânea e pretende pegar praia, pode ser no estado de Santa Catarina ou num país como Grécia, sem dúvida deve se programar para viajar no período de verão desses locais. Já Caribe ou Indonésia, é importante saber que existe época de tempestades.

Frio, se você odeia, deve evitar a Europa ou o norte da América do Norte no inverno. Mas se, ao contrário, clima tropical já tem no Brasil, e o que você quer mesmo é passear num visual de neve, então você vai curtir passar o Natal em Nova York ou em cidades no norte da Europa. Portanto, se considera que as condições climáticas realmente fazem diferença, na ocasião de planejar sua viagem escolha a época que você acha ideal para que possa tirar o máximo de proveito do que pretende fazer por lá.

Flexibilidade no período de férias, no entanto, não é privilégio seu, que só pode partir numa determinada época do ano. Neste caso, talvez você deva definir seu roteiro pelo clima, principalmente se isso fizer diferença. Por exemplo: seu mês de férias é janeiro, deve saber que estará frio em Berlim ou Toronto, com chances de pegar neve. Tudo bem ir para lá assim?

Importante lembrar que quando é verão no Hemisfério Sul (América do Sul, parte da África, Oceania) é inverno no Hemisfério Norte (América do Norte, Europa, Ásia) e vice-versa. Sim, eu sei que você sabia, mas vai que... né...

Não apenas pelo clima, a época do ano caracteriza a temporada, alta ou baixa. A temporada alta abrange os períodos, normalmente, do auge do verão (ou do inverno, para uma estação de esqui, por exemplo), das férias escolares (quando normalmente famílias podem viajar), da semana entre Natal e Ano-Novo, dos feriadões e, no Brasil, do Carnaval. Nesses períodos, além de hotéis e albergues lotados, espere encontrar preços (bem) mais elevados, de passagens aéreas a hospedagens.

Já a temporada baixa é tudo de bom, ao menos no quesito preços (baixos ou em promoção) e ocupação dos lugares (bem menos gente). Mas aí pode ter a questão do clima: frio, chuva...

Menos flexível sobre a definição da época da viagem é para quem deseja ir à praia, curtir o sol, a areia – aí não adianta, deve programar que os seus dias no mar ou na piscina ocorram no verão ou durante o clima quente. E atentar aos períodos de chuvas e até de furacões, como eventualmente ocorre no Caribe, entre junho e novembro. Mas, se você não for tão fã de se banhar ao sol, uma volta por um calçadão costeiro já pode ser suficientemente aprazível.

Destinos urbanos, por outro lado, podem ser curtidos em qualquer época, basta saber tirar proveito do que o país ou a cidade oferece. Mas tudo é relativo. Por exemplo: uma viagem à Europa no verão prevê que você pode ficar mais tempo na rua e aproveitar os espaços abertos, como praças e parques. Já no inverno, presume que pode ficar mais tempo dentro de cafés e museus.

Tudo verdade. Ou não.

Afinal, por outro lado, o verão europeu pode ser muito quente (principalmente na Espanha ou na França), e o ar-condicionado geladinho de um museu pode ser muito mais agradável do que um sol escaldante de um parque. Sol este que pode ser bem agradável num dia de inverno.

Moral da história: com planejamento, boa vontade e, principalmente, bom humor, você pode curtir qualquer lugar: uma praça, um museu e até uma praia, seja verão, seja inverno, sob sol ou mesmo sob chuva.

26 PARTIU!

QUEM? ✈ a parceria

A falta de uma boa companhia muitas vezes é motivo para alguém deixar de viajar. Que dependência boba, hein, meu caro/ minha cara...

Tudo bem, pode ser ótimo ter um parceiro para viajar com você, seja para compartilhar os programas do dia a dia, seja para, se for o caso, dividir despesas, como o quarto do hotel, a conta do restaurante.

Por outro lado, se essa companhia não se afinar bem com você, pode ser um grande estresse, e pequenos atritos (e até grandes discussões) podem acabar estragando sua viagem. Aí, sem dúvida, vale a sagacidade do velho ditado – "antes só do que mal acompanhado".

"Viajar só", porém, não deve ser a alternativa a "viajar mal acompanhado": deve ser, sim, a opção de viajar bem acompanhado – bem acompanhado de você mesmo.

Portanto, garanta que você será uma boa companhia para você: vai fazer todos os programas que quiser, no seu tempo e sempre de bom humor. Mais do que isso: estará aberto a conhecer outros viajantes e trocar ideias e experiências de viagem, falando inglês ou outra língua estrangeira se necessário (mesmo que tenha pouco domínio e precise, com todo respeito, esculhambar a gramática do idioma alheio).

Bom, mas você já tem uma companhia para viajar com você, certo? Beleza! Conversem sobre os programas que devem fazer e as expectativas de cada um, colocando-se à vontade para, em determinados momentos, se separarem numa boa caso um queira passar mais tempo num museu e o outro prefira passear pelo shopping.

Ah, você não tem uma companhia para viajar? Beleza! Aproveite e faça tudo o que você quiser, quando quiser, mantendo-se bem aberto para conversar com outros viajantes. Apenas não faça dessa questão – a falta de uma parceria de viagem – a justificativa para deixar de conhecer lugares diferentes e vivenciar experiências novas e continuar em casa vendo o mundo passar pela TV, pela internet...

COMO? ✈ o transporte

Um avião costuma ser apenas um avião, que leva e traz pessoas, mas um trem é sempre apenas um trem, que também leva e traz pessoas? Uhm, parece conversa de bêbado...

Você sabe que, além de avião e trem, pode viajar de carro, ônibus, navio, moto, bicicleta... A questão a considerar é se você encara o veículo apenas como um meio ou como parte do fim. Neste segundo caso, pense no meio de transporte como parte da aventura, pelo qual, através da janela do carro, do ônibus, do trem, você pode saborear cada minuto do tempo, cada quilômetro da estrada, da ferrovia – e já curtir a viagem.

Respondendo a primeira pergunta, um avião provavelmente será sempre um avião, o mais rápido dos meios de transporte, onde você senta apertado (considerando que não é um afortunado de primeira classe) e espera as horas passarem para chegar ao seu destino. Mas o trem, definitivamente, nem sempre é um simples meio de transporte, um mero trem – vide trajetos lendários, como o *Orient Express*, na Europa, ou o *Transiberiano*, na Rússia.

Da mesma forma são os demais meios de transporte, que podem se integrar à história de sua viagem, principalmente em trajetos terrestres, que possibilitam vivenciar (ainda que frequentemente através do olhar, de dentro do veículo) as cidades, os povoados, as paisagens e as pessoas pelo caminho. Importante lembrar a bela vantagem, de motoristas, motoqueiros e ciclistas, de poder parar a hora que quiser, em qualquer lugar, seja para respirar o ar, contemplar a paisagem, tirar uma foto ou entrar num Bagdad Café à beira da estrada.

Cabe a você decidir o quanto a experiência do percurso deve fazer parte de sua viagem. Ressalto, afinal, que isso pode ter um duplo custo: de tempo e de dinheiro (um trem, ou mesmo um carro, além de demorar bem mais do que o avião, pode custar muito mais do que uma passagem aérea). Se você puder pagar pelos dois, valerá a pena. Leia mais sobre isso no capítulo "Transportes".

POR QUÊ? ✈ o motivo

Tudo tem uma razão, até viajar. É essencial saber qual é a sua motivação, pois só assim se pode adequar o seu planejamento aos seus interesses pessoais.

Deseja só viajar e curtir. Beleza. Não precisa mais do que isso mesmo. O importante apenas é adequar o plano de viagem ao seu estilo. Se você quer o máximo de tranquilidade possível, de repente vale contar com os serviços de um agente de turismo para organizar tudo para você – hotéis, passeios, restaurantes, traslados do aeroporto. Mas você também pode pesquisar diretamente pacotes de viagens, que costumam incluir pelo menos passagem aérea e hotel. Operadoras de turismo no Brasil oferecem vários desses pacotes, frequentemente com datas pré-definidas. Pode até ser mais barato do que se fosse fazer o roteiro por conta, mas a maior vantagem é ter tudo já previamente definido, bom para quem está sem tempo (ou com uma preguicinha) de planejar ou, no caso de viagens internacionais, para quem não fala inglês ou o idioma do país.

Se você não se importa com um pouco de emoção ou não abre mão de certa flexibilidade, assim como pretende fazer uma *trip* mochileira, mais econômica, não tenha dúvidas: planeje você mesmo. Com ajuda de São Google, e eventualmente com um guia de viagens, pesquise sobre o destino, as passagens aéreas, os hotéis ou albergues, os passeios, as incursões gastronômicas. Não só não é difícil, como é uma ótima forma de já começar a sua viagem. Se identifica com o viajante mochileiro? Leia mais adiante sobre esse turista descolado no capítulo "Os Viajantes: mochileiro" (p. 120).

Talvez ainda melhor do que "apenas" viajar seja fazer isso com algum proveito nos estudos – intercâmbio durante o ensino médio, graduação, pós-graduação, mestrado, doutorado. Essa inquestionável soma no currículo alia o seu desenvolvimento como (futuro) profissional à experiência de viver no exterior. Contudo, não são muitos os que conseguem estabelecer um vínculo de aperfeiçoamento na sua área de estudo ou trabalho – mas ainda existe uma forma bastante acessível de estudar fora: aprender uma língua estrangeira na terra onde ela é nativa. E isso realmente está acessível a todos, jovens, adultos, idosos, em todas as grandes cidades do mundo. Leia mais em "Os Viajantes: estudantes" (p. 106).

E há quem pense em viajar para trabalhar. Ter uma experiência fora do país e ainda ganhar uns trocados em dólar, euro, libra ou qualquer moeda estrangeira preferencialmente valorizada. Mas atenção: é bom evitar "trampar" ilegalmente, pois se corre o risco de prisão e deportação. No entanto, existem muitas formas de trabalhar de forma permitida – veja mais no capítulo "Os Viajantes: trabalhadores temporários" (p. 135). Já se o dinheiro pesa menos, considere fazer um trabalho social, voluntariando em uma ONG ou em alguma organização onde você possa ser útil – confira em "Os Viajantes: humanitários" (p. 116).

TE LIGA, VIAJANTE

PORTUGUÊS, TÔ FORA!

Atenção: se você viaja com o objetivo de aprender ou aprimorar um idioma, evite conviver muito com brasileiros. Pouco adianta estudar numa escola 3 horas ao dia se passar o restante do tempo falando e escutando português. Procure ficar o máximo de tempo possível com os nativos, faça uma imersão entre eles. Sua fluência na língua estrangeira agradece – com um sonoro *thank you, gracias, merci, grazie, danke.*

QUANTO ✈ o dinheiro

Quanto vou gastar pela minha viagem? Vai gastar 5.287 reais.

Sério, já fui perguntado sobre isso umas 5.287 vezes. Algumas pessoas acham que ter algum conhecimento sobre viagens é suficiente para saber quanto *elas* vão gastar... O essencial não é saber sobre viagens, mas sobre a própria pessoa, seus gostos, seus programas, suas preferências, seu estilo de viagem. Essa é uma questão, portanto, que só o próprio viajante pode responder; afinal ninguém sabe melhor dele do que ele mesmo. Ou talvez sua mãe...

Resumindo, se você quer saber quanto pode gastar numa determinada viagem, comece a ler, planejar e executar o plano. Essa é uma equação simples que envolve:

+ADIÇÃO

Soma do valor da passagem aérea ou outro meio de transporte, traslado, diária do hotel ou albergue, locomoção urbana, locomoção entre cidades (se for o caso), passeios, entrada em atrações, compras, café da manhã (se não incluído), almoço, jantar e/ou lanches.

✗ MULTIPLICAÇÃO
Pelo número total de dias da viagem.

− SUBTRAÇÃO
Dos gastos que não terá em outros dias.

/ DIVISÃO
Caso vá compartilhar algumas das despesas com outra(s) pessoa(s).

Nada complexo, só requer abandonar a preguiça e começar o planejamento. Sites e aplicativos podem ajudar nos seus cálculos. O site Quanto Custa Viajar, a partir da definição de um destino, estima valores de hospedagem (em hotel ou albergue), passeios, atrações turísticas, transporte local e refeições. O Rome2Rio informa sobre deslocamentos e dá uma ideia dos diferentes transportes que podem ser utilizados e o custo estimado de cada.

Dedicando um tempo no planejamento de sua viagem, você já terá uma ideia de quanto vai gastar. Ficou muito caro e tá pensando em desistir? Nada disso, camaradinha! Lembre-se de que você é brasileiro e não desiste nunca, já dizia o filósofo de botequim. E eu digo que você tem opções sensatas aí:

A. Refaça seu planejamento considerando hotéis/ albergues e restaurantes mais baratos, ou mesmo formas alternativas de hospedagem e gastronomia;

B. Procure passagens aéreas mais em conta, se possível em outras datas;

C. Estude a possibilidade de viajar na baixa temporada (caso esteja se preparando para viajar na alta temporada);

D. Pense em outro destino, que se encaixe no seu orçamento;

E. Economize mais em outras coisas do seu dia a dia, priorizando gastar (investir!) na sua viagem.

Escolha a alternativa mais adequada para você - mas garanto que "todas as opções estão corretas" é a melhor resposta!

Leia mais sobre como economizar na viagem na p. 215.

Afinal, tudo é uma questão de planejamento – e interesses e prioridades!

2 PLANEJAMENTO

O QUE É BOM SABER ANTES DE PARTIR

Agências de viagem

Sim, as agências de viagem ainda podem ser úteis. Na jurássica era pré-internet, elas eram absolutamente indispensáveis para quem desejava voar, mas sabemos que esse cenário mudou. Hoje, salvo as vovozinhas com alguma dificuldade no mouse, qualquer pessoa pode por conta própria planejar e reservar tudo o que se refere a uma viagem.

A agência ou o agente de viagens não têm mais a mera função de emitir bilhetes aéreos, ainda que, claro, possam e continuem a fazer isso. Seu papel agora é dar informações, transmitir conhecimento, e, inclusive, oferecer, eventualmente, algum serviço especializado, que atenda determinado tipo de viagem (como turismo de luxo, negócios, cruzeiros, intercâmbio estudantil) ou determinados destinos (Disney, Canadá, África, Escandinávia).

É importante, assim, que cada agente tenha um conhecimento abrangente sobre o assunto: um conhecimento que seja o somatório de sua experiência pessoal como viajante; de suas leituras e de seus estudos sobre as possibilidades de viagem (e até sobre os serviços que pode oferecer, como seguro-saúde e locação de carros); dos relatos que ouviu sobre as experiências (positivas e negativas) de outros viajantes.

Se você encontrar profissionais assim, valorize-os. Muito chato pegar toda a informação numa agência e depois comprar a viagem diretamente pela internet. Mais recentemente, muitos blogueiros de viagem têm, graças aos seus quilômetros rodados, exercido esse papel de agente, orientando turistas e ajudando-os a planejar um bom roteiro – e negociam um valor por esse trabalho, o que é extremamente válido; afinal, estão prestando consultoria, repassando uma vivência adquirida após anos, possivelmente, de investimento em viagens.

Alfândega

A regra é a seguinte: você pode trazer de fora do país, no retorno de viagens aéreas e marítimas, compras no valor de até 500 dólares (ou, no caso de viagens terrestres e fluviais, 150 dólares). E os limites são individuais e intransferíveis, isto é, você não pode ceder sua cota ou parte dela a um companheiro de viagem. Roupas, calçados, livros, óculos, produtos de beleza e higiene não entram nessa cota, desde que em quantidades normais, isto é, para uso pessoal, de modo que não se caracterize intenção de comércio. Alimentos, como chocolates, azeites, enlatados, salames e queijos de longa maturação, também são liberados, desde que embalados e fechados a vácuo.

A Receita Federal informa que, para ter isenção de tributos, é preciso obedecer aos limites: no caso dos alimentos, 10 quilos de derivados da carne, 5 quilos (ou litros) de derivados de ovos e leite, e, ainda, momento toxicológico, 12 litros de bebidas alcoólicas, 10 maços de cigarro com 20 unidades cada (por Deus, quem compra isso numa viagem?!), 25 unidades de charutos e 250 gramas de fumo. Não, um cigarrinho de Amsterdã ou uma ervinha do Uruguai não pode (claro, um baseado é muuuito mais prejudicial do que 200 cigarros do saudável tabaco!). Objetos de baixo custo, com valor inferior a 10 dólares, são permitidos até 20 unidades, desde que não haja mais do que 10 unidades idênticas. Itens que não estejam listados aqui, e que não sejam de uso pessoal, não devem ultrapassar o limite máximo de 3 unidades; bens em quantidades além do permitido podem ser confiscados.

Uma câmera fotográfica (incluindo acessórios, como lentes) e um celular também não entram na cota, desde que se comprove que são para uso pessoal. Já notebooks, tablets, filmadoras (como GoPro) e eletroeletrônicos são tributados. Se você for viajar com seu notebook, é bom que de alguma forma se perceba que você o adquiriu antes da viagem (se achar que pode levantar dúvidas, leve a nota fiscal que informa a data da aquisição).

No free shop, em solo brasileiro, você tem direito a gastar mais 500 dólares em compras – mas, ao contrário do que muitos pensam, nem todo artigo é mais vantajoso nessas lojas de aeroporto ou fronteira (exceções podem ser malas, perfumes e bebidas alcóolicas, que podem ter preços atraentes).

Logo depois de pegar sua mala e de passar pelo free shop, você chega ao controle da Alfândega, onde vai escolher entre o setor "nada a declarar" e "bens a declarar". O jogo é assim: se você ultrapassou a cota, isto é, tem mais de 500 dólares a declarar, deve optar pelo segundo, levando uma Declaração de Bagagem Acompanhada (DBA), guia que pega no aeroporto, ou uma Declaração Eletrônica de Bens do Viajante, e-DBV, documento que pode ser preenchido previamente pela internet (através do site edbv.receita.fazenda.gov.br), relatar os produtos excedentes e pagar o imposto de importação, que é de 50% do valor excedente.

Já se você resolver passar pelo "nada a declarar", tendo passado da cota, e não for pego, sorte sua, escapou. Mas se o fiscal pedir para você abrir a sua mala (aleatoriamente eles escolhem alguns passageiros para conferir a bagagem), perdeu, playboy! Você deverá pagar uma multa de mais 50% sobre o valor excedente.

Câmbio

Todo mundo tem dúvidas sobre isso: troco aqui, troco lá, troco por dólares, qual cotação, câmbio vai subir, vai descer...?

Sobre essa última, nem adianta perguntar, pois minha bola de cristal está quebrada... então, realmente não há como saber se é melhor trocar o dinheiro hoje, amanhã ou mês que vem. Aqueles que manjam de economia podem até especular, considerando a estabilidade do mercado financeiro do momento, mas realmente ninguém pode afirmar com certeza qual a tendência de uma moeda, se vai subir ou descer. Na dúvida, vá comprando aos poucos, à medida que for recebendo seu salário, guardando com segurança, em casa. Ou radicalize: um pouco antes da viagem, vá a uma boa casa de câmbio e troque tudo o que você pode ou precisa, sem pensar se a cotação antes estava melhor ou não.

Sobre uma boa casa de câmbio, entende-se uma que dá um valor de mercado para a sua moeda, um pouco acima do que outras, ou com chance de negociar. Vale você ligar para alguma delas e perguntar quanto estão pagando pelo dólar/euro/libra – para citar as moedas mais fortes – ou quanto vão dar a você na moeda estrangeira se trocar um determinado valor. Você também pode fazer essa pesquisa pela internet, no site da casa de câmbio ou até num site de comparação das cotações que esses estabelecimentos oferecem, como o www.melhorcambio.com.br.

Normalmente, de uma casa de câmbio para outra não há muita diferença nas cotações das moedas, mas alguns centavos podem ser negociados, o que, dependendo do montante, pode significar um lanche ou uma entrada no museu de economia. Também é prudente pensar na segurança: escolher um local onde você possa estacionar, como um shopping, e onde haja certa privacidade para fazer a transação, o que implica mexer no dinheiro, guardar dólar e sair para rua. Bancos costumam oferecer cotações inferiores às oferecidas pelas casas de câmbio.

Sobre o câmbio propriamente. Você lê nos jornais e nos sites o valor do dólar oficial do dia. Não se baseie nesta cotação; as casas de câmbio utilizam o dólar turismo, para compra e venda. O valor de compra é o mais baixo, e é o utilizado pelos cambistas que compram o seu dinheiro. O de venda é o mais alto, e é o valor pelo qual eles vendem a moeda estrangeira para você.

Sim, eu sei que a operação confunde os compradores, afinal as pessoas pensam no valor de "compra" já que estão adquirindo a moeda – mas a transação ocorre do ponto de vista da casa de câmbio. Na dúvida, lembre-se que bancos e afins sempre saem ganhando e o valor mais alto a pagar é sempre seu.

Por exemplo, hoje, escrevo isso num belo dia de setembro, o dólar oficial é anunciado a R$ 3,14, e uma casa de câmbio que acabei de consultar pratica a compra do dólar a R$ 3,08 e a venda a R$ 3,30.

Isso significa que você precisa de 330 reais se quiser comprar 100 dólares. Não, espera, talvez não esteja incluído o IOF (Imposto sobre Operações Financeiras) no valor. Pois nas transações em

40 PARTIU!

dinheiro incide ainda 1,1% quando muitas casas de câmbio praticam a venda (e 0,38% quando praticam a compra). Portanto, agora sim, o valor de venda (o que você vai comprar) ficará no fim R$ 3,33, ou 333 reais para 100 dólares.

Muitas já dão o valor com o IOF incluído – questione. Caso contrário, não é impossível você negociar para que o isentem dessa taxa. Isso é mais fácil de conseguir para transações mais altas, a partir de 500 ou 1.000 dólares, mas sempre vale dar uma chorada para o cambista.

No mais, é uma regra de três, um cálculo básico, que você aprendeu na escola. Considerando que 3,33 reais compram 1 dólar, então 500 reais, por exemplo, compram X dólares. E o valor de X você obtém dividindo a importância do que irá trocar (500) pelo valor de câmbio (3,33). Resposta: X = 150,15 dólares. Barbada.

Nas casas de câmbio você também pode abastecer cartões pré-pagos, operação em que se pode ganhar alguns centavos em relação à transação em dinheiro, mas que, em compensação, exige pagar um IOF bem mais alto, 6,38%. Leia mais sobre esse cartão na p. 46.

Em alguns países, você pode trocar o real por lá, em especial nos nossos vizinhos sul-americanos. Dependendo da força da nossa moeda no momento, trocar o real pelo peso argentino ou uruguaio (sem trocar pelo dólar para depois trocar pelo peso) pode ser vantajoso.

De qualquer maneira, sempre é bom comprar e guardar moedas fortes, como dólar, euro e libra. Compre sempre no Brasil. Nos Estados Unidos ou na Inglaterra, você até encontra casas de câmbio que compram o real, mas nossa moeda lá, verdade seja dita, não é nada valorizada.

Trocando dinheiro no exterior

Evite fazer câmbio nos aeroportos, nos hotéis e até nos bancos. Problema que às vezes não tem como evitar, e você, sem nada em moeda local, é obrigado a trocar dinheiro no primeiro lugar em que aceitarem seus dólares ou euros, e ainda pela merreca que oferecerem por eles. Real: nem tente, pois, com exceção dos nossos vizinhos sul-americanos, dificilmente você encontrará quem aceite nossa moeda, e, se aceitar, será por um valor miserável e revoltante.

Onde trocar então? Preferencialmente em casas de câmbio da capital do país, em especial no centro ou em zonas turísticas onde houver grande oferta e demanda – nesses locais, em geral, o valor da moeda para você comprar, justamente pela competividade local, pode ser melhor. É menos provável, mas também pode ocorrer uma situação oposta: a zona tem tanto gringo que a cotação é mais baixa. Faça uma pesquisa básica. De qualquer maneira, deverá ser mais vantajoso do que trocar em casas de câmbio do aeroporto ou na recepção do hotel.

Na hora de fazer a troca, verifique se há cobrança de taxas e/ou comissão. A taxa é um valor fixo que o banco ou casa de câmbio irá cobrar pela transação. Um lugar ruim pode cobrar até 10 dólares pelo câmbio (ou mais), o que é muito alto, principalmente se você quiser trocar um valor baixo, como 20 dólares. Outros estabelecimentos podem exigir uma comissão, tipo 2% do valor a cambiar. O melhor mesmo são aqueles que não cobram nada mais além da própria cotação, que ainda é um valor honesto.

Locais informais – tipo o mercadinho da esquina, ou mesmo um cambista de rua – podem trocar dinheiro. Cuidado. Até pode valer a pena. Mas também pode ser uma roubada se notas falsas circularem naquele país e caírem na sua mão. Só faça câmbio com um pessoal não oficial se você tiver indicações sobre a confiabilidade do cara ou da lojinha. E considere viajar com cartões de crédito ou pré-pagos, leia a seguir e também na p. 46.

Cartões de crédito

Visa e Mastercard, seguidos por American Express e depois Diners, são os cartões de crédito mais aceitos no mundo. Certifique-se que o seu é válido para utilizar no exterior – atenção: costuma ser necessário ligar para a operadora do cartão e avisar da viagem, especificando todos os destinos; caso contrário, por segurança contra roubos e fraudes, seu cartão pode não funcionar em certos países.

Tendo o cartão habilitado, pode até sacar em outros países (com a cobrança de uma taxa, a verificar), nos caixas automáticos, os chamados ATMs (do inglês, *Automated Teller Machine*). Tudo isso, claro, considerando que seu cartão nunca vai deixá-lo na mão, seja por um eventual problema com o limite de crédito no exterior (outra questão que você deve confirmar com sua operadora), seja por problemas com a senha. Portar um segundo cartão, caso o primeiro resolva te sacanear, pode ser uma boa.

Existem outros benefícios que alguns cartões oferecem. Acho o principal deles, para viajantes, o seguro-viagem. Ao fazer a compra da passagem aérea com o cartão de crédito, automaticamente o portador torna-se beneficiário de um seguro que inclui extravio de bagagem e assistência médico-hospitalar (que inclusive é obrigatório na Europa, veja p. 87). Nem todos os cartões disponibilizam essas facilidades, confira o seu.

Cartões de categoria mais elevada mimoseiam seus clientes com salas VIPs em aeroportos e com a tal da *concierge*, que encontra o "restaurante perfeito" e faz a reserva para você. Talvez isso não seja para o nosso bico – mas a sala VIP num aeroporto vale muito a pena, não apenas pelo conforto do ambiente, mas, principalmente, pelas bebidas e comidinhas à vontade que costuma oferecer.

Standard, Classic, Gold, Platinum, Black são algumas das categorias de cartão (cada operadora tem as suas); quanto maior a anuidade (sim, em geral você paga um valor anual pela manutenção, ainda que possa ser parcelado), maiores os benefícios. É necessário comprovar uma razoável ou polpuda renda para descolar um desses cartões generosos.

Talvez sua renda seja meio de estagiário, que não permite acesso nem a salas privadas de aeroportos nem a outros dos agrados úteis a viajantes. Uma solução é você utilizar um cartão adicional de alguém mais poderoso, tipo pai, mãe ou tio – que vai confiar em você, que depois vai pagá-lo bem direitinho (porque quem recebe a conta é ele/ela).

Pagar. O momento decisivo. Porque nem tudo é maravilhoso no cartão de crédito. Diria que existe 1,5 ponto negativo. O 1 ponto negativo atribuo ao imposto, IOF (Imposto sobre Operações Financeiras), que é de 6,38% sobre qualquer pagamento feito com cartão de crédito no exterior (enquanto na compra de moeda estrangeira – em espécie –, no Brasil, o imposto pago é 1,1%).

E o 0,5 ponto negativo atribuo ao fato de que o valor pago no cartão pode mudar na hora que você realmente for fazer o pagamento, isto é, no dia do vencimento da fatura do cartão de crédito. Pode-se dizer que esse valor passa por três variações, sempre atreladas ao dólar: [1] o dia da compra em que você utiliza o cartão, [2] o dia em que a fatura do cartão é fechada e [3] o dia do pagamento do cartão propriamente.

Agora vem a caixinha de surpresas: se no [3] dia do pagamento o dólar estiver mais alto do que no [2] dia do fechamento da fatura, na fatura do mês seguinte virá uma cobrança de "diferença de cotação US$", um ajuste da variação cambial em relação às duas datas. Mas o vento também pode soprar a favor: se o dólar baixar, no outro mês você receberá um crédito!

No fim das contas, ainda acho que o uso do cartão de crédito compensa bastante, mesmo com a taxa de 6,38%. É a comodidade de não precisar levar tanto dinheiro e de não precisar trocá-lo – acredite, pode ser um porre ficar procurando um local para fazer câmbio ou ser obrigado a aceitar uma baixíssima cotação porque não há mais onde trocar dinheiro.

Ah, e nem falei dos programas de pontuação que os cartões de crédito oferecem: as compras realizadas com os cartões poderão ser convertidas em pontos, os quais podem ser trocados por milhas (leia-se passagens aéreas), entre outras coisas. Não, não estou sendo patrocinado por Visa, Master, Amex nem Diners... Veja mais na p. 165.

Cartões de débito ou pré-pagos

Para quem deseja evitar surpresas na hora de abrir o envelope da fatura, os cartões pré-pagos são o ideal – vale o valor do câmbio no dia em que você abasteceu o cartão, antes da viagem. A moeda estrangeira já foi comprada e paga, agora é só ir debitando do cartão o valor das compras, apenas digitando uma senha. Você pode sacar o dinheiro do país nos caixas eletrônicos (pagando uma taxa fixa, geralmente US$ 2,50) e, talvez a maior vantagem, alguém no Brasil pode colocar mais dólar, euro, libra no seu cartão, caso fique sem dinheiro, para você retirar em Nova York, Amsterdã, Londres ou qualquer outra cidade.

No entanto, os pré-pagos perderam muito do seu atrativo depois que o governo taxou esses cartões com o mesmo percentual do IOF que é aplicado aos cartões de crédito – os 6,38%. E, na comparação, considerando as demais vantagens dos cartões de crédito, os cartões pré-pagos deixaram de ser tão interessantes. Leia mais em Dinheiro, p. 53.

Compras

Pode ser um mal necessário ou um bem divertido: levar lembrancinhas para casa ou para dar de presente a amigos e familiares. Se é algo que você quer, só tem naquela cidade ou naquele país e você tem dinheiro, vá em frente! Acho que não há nada mais bacana para trazer – falando de coisas, já que nada se compara à experiência e às recordações que você traz de volta –

do que o artesanato local. Mas cada um tem suas preferências, e vale considerar o que é típico ou particularmente mais barato naquela localidade (podem ser roupas, vinho, livros, eletrônicos, perfumes, etc.).

Importante você se ligar em algumas questões. Listo cinco delas: [1] Se pagar com cartão, lembre-se que terá um adicional de 6,38% de IOF. [2] Há um limite de 500 dólares para compras (p. 37). [3] Coisas muito frágeis podem quebrar (nunca vou entender como alguns turistas compram cristais da Bohemia, na República Tcheca – e ainda no início da viagem!). [4] Mercadorias, obviamente, ocupam espaço na mala. [5] E (outra obviedade, embora muitos ignorem) mercadorias aumentam o peso da mala. Considere muito esse último fator principalmente se você viajar com mochila. Sua coluna agradecerá.

Se quiser trazer muitas coisas, pode comprar uma mala durante a viagem. Em geral, voos internacionais permitem despachar duas malas de 32 quilos – verifique certinho com sua companhia aérea. Mas atenção: se você tiver um voo nacional na sequência (por exemplo, você chega em São Paulo, mas depois tem outro voo para Florianópolis), confira se dispõe desse peso disponível para o segundo voo (e se não fez um pagamento adicional, ou não tem uma passagem top, provavelmente não terá).

Se você adquiriu os bilhetes do trecho internacional e do trecho doméstico em uma compra única (e o ideal é fazer isso, até pela questão do tempo para a conexão, p. 154), não tem problema: seu direito aos 32 quilos se estende ao trecho nacional. Já se fez a compra por partes (primeiro o trecho internacional e em outro momento o doméstico), informe-se na companhia. Eventualmente, se as duas empresas aéreas onde foram comprados os bilhetes pertencem ao mesmo grupo de aliança mundial das aeroviárias (Star Alliance, OneWorld ou SkyTeam, veja na p. 166), e o voo nacional for dentro do prazo de 24 horas, pode prevalecer a regra do voo internacional – mas, para evitar surpresas com pagamento de peso extra, consulte sua companhia aérea se você se enquadrar nesse caso.

Pessoalmente, não gosto de ficar levando coisas durante toda a viagem; então, concentro a escolha das lembrancinhas e as compras para família e amigos nos dois últimos dias da viagem, salvo pequenos suvenires ou algo que eu queira de uma cidade específica, que está no meio do roteiro. De qualquer modo, evito coisas volumosas e pesadas (e caras, já que a família é grande!). Meus itens favoritos são camisetas, pequenos objetos de decoração típicos (bem protegidos – ou que não quebrem facilmente na bagagem), chaveirinhos e ímãs de geladeira. E quem reclamar não ganha mais nada! ;-)

RESTITUIÇÃO DE IMPOSTO

O país onde você está ou para onde vai restitui o imposto (o IVA) pago em algumas de suas compras? Durante a viagem, peça a nota fiscal de suas compras e solicite o formulário de isenção de imposto, já que, apresentando-os junto com seu passaporte, em alfândegas e aduanas, você poderá ser reembolsado, no aeroporto, ao deixar o país. Em alguns países, você pode receber a devolução na hora; em outros, receberá um reembolso pelo correio ou, o mais comum, ganhará um crédito no seu cartão de crédito. A isenção não contempla despesas de serviços, como hotel, restaurante, locação de carro.

LEMBRANÇAS DE MOCHILÃO

KIDS... JUST LITTLE GIFTS...

Lembro de uma viagem que fiz pela América do Sul e, quando no Equador, fui a Otavalo, uma interessante cidade indígena que tem o maior mercado de rua das Américas – motivo que atrai muitos viajantes até lá. Como eu. As mercadorias, geralmente artesanais, são bem bacanas, dá vontade de levar muita coisa, mas no meu caso, no fim, só comprei dois blusões de lã com desenhos de lhamas para meus dois sobrinhos. Não levei mais pois o dinheiro estava escasso e, principalmente, pelo fato de as duas malhas ocuparem um baita peso e espaço na mochila (não havia lugar para mais nada). De volta ao Brasil, feliz da vida, dei o presente às duas crianças, que, talvez na expectativa de ganharem uma Barbie ou um boneco do Homem-Aranha, e não um fantástico blusão indígena com o bordado de uma lhama, me respondem um lacônico "obrigaaado, tiiiio..." – e jogaram longe. Hoje crescidos, eles dizem que os blusões eram realmente lindos – mas não importa, desde esse episódio, eles só ganham chaveirinhos! :-D

Comunicação e conexão

Como se eu fosse um senhor de 90 anos, lembro que nas minhas primeiras viagens à Europa, final dos anos 80, eu e todos os jovens brasileiros por lá ficávamos dias, semanas, sem ligar para casa, no Brasil, porque a chamada telefônica era muito cara. Nosso meio de contato básico, com família e amigos, era a carta, e a pessoa mais esperada do mundo era o carteiro. Não se pode dizer que não havia certo romantismo naquela época.

Carta, ou cartão-postal, hoje, só para quem curte nostalgia. Tudo foi devidamente substituído pelo e-mail e pelas mensagens de textos de Facebook, WhatsApp e aplicativos afins. Mas atenção: as mensagens de textos do celular (SMS) costumam ser pagas (para enviar), diferente daquelas de aplicativos, que (se o celular estiver conectado à internet) são gratuitas.

Para se manter conectado utilizando o próprio celular, você pode ativar o seu plano de dados no exterior, adquirir um chip do país ao chegar lá ou se conectar a uma rede wi-fi.

Para utilizar sua própria linha no exterior, entre em contato com a sua operadora para se informar sobre os planos, o funcionamento e, principalmente, o custo, pois não costuma ser barato. Se não quer correr o risco de pagar por roaming internacional, você deve configurar o seu celular para não puxar sinal da operadora brasileira. Para isso, vá nos ajustes e desative os "Dados celulares" (iOS) ou os "Dados móveis" (Android). Esse procedimento inativa o roaming automático de dados, mas, normalmente, não impede que você faça ou receba ligações nem que mande mensagens de texto (receber mensagens de texto não é cobrado, da mesma forma como ligações não atendidas não acarretarão custo). Assim, não se engane: se você usar o próprio celular no exterior, através de sua operadora no Brasil, provavelmente irá pagar caro por isso.

Um chip do próprio país, que você coloca no seu celular, desde que desbloqueado para receber outro chip, é uma boa para quem deseja estar o tempo todo conectado, recebendo e mandando mensagens, postando nas redes sociais, pegando informações em sites e usando aplicativos on-line. Por outro lado, precisa mesmo estar o tempo inteiro ligado?? Pense que talvez esta seja uma boa hora de se desligar um pouco, que realmente não há necessidade de você estar o dia inteiro conectado à internet e a redes sociais, como se estivesse no trabalho ou na sua casa.

Você pode, afinal, se organizar para se conectar em alguns momentos do dia, onde houver wi-fi – que costuma estar disponível em todos os hotéis e albergues, na maioria dos cafés e grande parte de restaurantes e museus. Na maior parte desses lugares, o acesso à rede é gratuito – ou ao menos para hóspedes e clientes. Você também pode se conectar em lan-houses e cibercafés, que oferecem computadores e cobram a hora de utilização.

Enfim, hoje ninguém mais pode, em (quase) nenhum lugar do mundo, deixar de falar com a mama porque está incomunicável. Mas, atenção, você não viajou para não sair do celular ou do Facebook, né??

Em um hostel em Roma, há não muito tempo atrás, fiquei numa sala com 12 jovens, de diferentes nacionalidades, e todos estavam interagindo – com o seu celular, tablet, notebook, muitos com fones de ouvido, provavelmente falando com os amigos do seu país de origem. Aquelas criaturas simplesmente não conversavam umas com as outras. Qual a moral de ficar num albergue assim, gente?

Telefone

Não abre mão dos velhos hábitos? A empresa de telecomunicações Embratel possui um serviço de chamadas a cobrar no exterior, cujo custo da ligação irá incidir na conta de telefone que receber a ligação. A chamada pode ocorrer através de um operador da companhia (que irá repassar à pessoa com quem você deseja falar), pelo número 0800.703.2111, ou ligando direto – nesse caso, cada país tem um número de telefone específico pelo qual se deve ligar. Para ver todos os países e os números, assim como o custo desse serviço, consulte o site da Embratel, no campo do fazum21.

Não quer ligar a cobrar? Sempre é possível ligar pelo telefone do hotel (a opção mais cara); ou, como já mencionado, com o seu próprio telefone celular, devidamente habilitado (o que, dependendo do plano, pode ser OK, caro ou muito caro), ou com o seu celular, mas usando um chip local (geralmente mais em conta, mas depende do chip, do país).

Agora, bem-vindo à tecnologia: nada será mais barato do que os softwares ou aplicativos que, geralmente conectados à internet, propiciam conversas com áudio e também vídeo, estilo videoconferência, como já projetavam os Jetsons. Os mais utilizados são o Skype (da Microsoft, provavelmente o mais usado para vídeo), WhatsApp (do Facebook, bastante popular no Brasil para troca de mensagens), Hangouts (do Google), VSee (para conversar com número ilimitado de pessoas), Viber (um dos mais antigos), Facetime (exclusivo para iPhones e dispositivos da Apple) e Zoom (um dos mais recentes, se popularizando a cada dia) – todos gratuitos (em versões básicas ao menos), bastando que os interlocutores tenham o mesmo programa instalado.

Dinheiro

Devo viajar com dinheiro vivo, cartão de crédito, de débito ou traveler's check? – Traveler's checks, por Deus, existem ainda?? Quem tem mais de 40 anos talvez saiba que são cheques de viagem que, após assinados e apresentados junto com o passaporte, são trocados por dinheiro. Passado, filho, passado...

Preferências pessoais: 1) cartão de crédito, 2) dinheiro, 3) cartão de débito ou pré-pagos. Tudo já devidamente explicado nas páginas 43, 53 e 46.

O que é importante ressaltar: guarde seu dinheiro e seus cartões com segurança; tenha *backups* dos seus cartões (é bom ter dois, caso um deles dê pau) – e não se esqueça de confirmar se estão habilitados para uso nos países onde você vai.

Dinheiro leve sempre, sempre numa doleira, espécie de porta-notas que você usa como um cinto escondido dentro das calças. E acostume-se a usar sempre, sempre – exceto se ficar num quarto com cofre. Já se ficar num quarto compartilhado de hostel, deve usá-la até para dormir e carregá-la consigo para o banho (claro, só cuidado para não molhar). Sim, sempre, sempre.

Sobre o cartão pré-pago, pode deixar alguém de sobreaviso no Brasil, caso ache que possa ser necessário reabastecê-lo durante a viagem. Se não for usado diariamente, esse cartão, assim como um dos cartões de crédito, pode ficar na doleira.

Por segurança, é bom que você não precise mexer na doleira em lugares públicos: procure ter mais à mão – numa carteira, na bolsa ou mesmo num bolso – alguns dólares, euros, libras ou o dinheiro local, assim como o cartão de crédito do cotidiano. Seu passaporte também pode ficar guardado na doleira. E se você é uma pessoa que sua bastante (sua do verbo suar, tolinho), pode envolver dinheiro e passaporte dentro de um pequeno saco plástico.

Fuso

Responda rápido: quantos fusos horários existem no mundo?? Ih... Tudo bem, você nunca se deu conta, né: o mapa-múndi se divide em 24 fusos, um para cada hora do dia.

De modo geral, o fuso de um país é demarcado com referência a Greenwich. O sudeste do Brasil, por exemplo, está 3 fusos a oeste de Greenwich. Portanto, quando são 7h da manhã em Londres, são 4h da madrugada em Brasília.

Ou não. Porque há horário de verão na Inglaterra (quando a diferença aumenta para 4 horas) e também no Brasil (quando a diferença diminui para 2 horas). Devemos considerar ainda que o Brasil, pela extensão territorial, tem 4 fusos horários. E o que dirá um país como a Rússia, que possui 11 fusos!?

Frequentemente, ao pesquisar sobre algum país no mundo, se for num site, numa revista ou num jornal brasileiro, você já deve encontrar a diferença de fuso ajustada em relação ao Brasil. Caso não, basta considerar a diferença de Greenwich e somar (ou subtrair, se estiver a oeste) com a do Brasil. Por exemplo, Nova Deli está a 5h30 de Greenwich (sim, alguns países têm o fuso fracionado);

portanto, quando forem 19h15 em São Paulo, serão 3h45 do dia seguinte na capital da Índia. Dá até para contar nos dedos.

Não se engane: todos os territórios a leste de Greenwich (e também do Brasil), como a Europa continental e a Ásia, têm o dia antes da gente (lembra que o Ano-Novo na Austrália e na Nova Zelândia sempre é comemorado muitas horas antes de nós?!). Já as terras a oeste, como a América do Norte e o resto da América Latina, depois.

VOCÊ QUE COLOU NA ESCOLA
AULINHA DE GEOGRAFIA

A Terra tem uma circunferência de 360 graus, completando a rotação a cada 24 horas. Portanto, há um deslocamento de 15 graus a cada hora no sentido anti-horário, de oeste a leste. E a cada 15 graus há um novo fuso, que é determinado pelo meridiano 0, na cidade de Greenwich, nos arredores de Londres. A leste de Greenwich, ficam os meridianos +1, +2, +3... até +12. A oeste da cidade inglesa, ficam os meridianos -1, -2, -3... -12. São os 24 fusos e meridianos que completam um dia.

PLANEJAMENTO **55**

Confira os fusos horários no mundo, tendo como referência o fuso do Brasil/Brasília. O solzinho (☀) indica que o país em questão adota o horário de verão, aumentando ou diminuindo a diferença em 1h.

VERÃO	REGIÕES	DIFERENÇA	VERÃO	REGIÕES	DIFERENÇA
	África do Sul	(+)5h		Hong Kong	(+)11h
☀	Alemanha	(+)4h	☀	Hungria	(+)4h
	Argentina	Igual		Índia	(+)8h30
☀	Austrália/Melbourne	(+)13h		Indonésia	(+)10h
☀	Austrália/Perth	(+)11h	☀	Inglaterra	(+3)
☀	Austrália/Sidney	(+)13h	☀	Irã	(+) 6h30
☀	Áustria	(+)4h	☀	Iraque	(+)6h
☀	Bélgica	(+)4h	☀	Irlanda	(+)3h
	Bolívia	(-)1h		Islândia	(+)3h
	Bulgária	(+)5h		Israel	(+)5h
☀	Canadá/Montreal	(-)2h	☀	Itália	(+)4h
☀	Canadá/Ottawa	(-)2h		Japão	(+)12h
☀	Canadá/Quebec	(-)2h	☀	Líbano	(+)5h
☀	Canadá/Toronto	(-)2h	☀	Luxemburgo	(+)4h
☀	Canadá/Vancouver	(-)5h		México/Cidade do México	(-)3h
	Chile	Igual		México/Cancun	(-)2h
	China	(+)11h	☀	México/Tijuana	(-)5h
	Cingapura	(+)11h		Nicarágua	(-)3h
	Colômbia	(-)2h	☀	Noruega	(+)4h
	Coreia do Sul	(+)12h		Nova Zelândia	(+)15h
	Costa Rica	(-)3h		Panamá	(-)2h
☀	Cuba	(-)2h	☀	Paraguai	(-)1h
	Dinamarca	(+)4h		Peru	(-)2h
	Egito	(+)5h		Polônia	(+)4h
	El Salvador	(-)3h	☀	Portugal	(+)3h
	Equador	(-)2h	☀	República Tcheca	(+)4h
☀	Espanha	(+)4h	☀	Romênia	(+)5h
	Etiópia	(+)6h		Rússia/Moscou	(+)6h
☀	EUA/Chicago	(-)3h		Rússia/Yekaterimburg	(+)8h
☀	EUA/Los Angeles	(-)5h		Rússia/Vladivostok	(+)6h
☀	EUA/Nova York	(-)2h	☀	Síria	(+)13h
☀	EUA/Nova Orleans	(-)3h	☀	Suécia	(+)4h
☀	EUA/São Francisco	(-)5h	☀	Suíça	(+)4h
☀	EUA/Washington	(-)2h		Suriname	Igual
☀	Finlândia	(+)5h		Tailândia	(+)10h
☀	França	(+)4h		Taiwan	(+)11h
☀	Grécia	(+)5h		Turquia	(+)6h
	Guatemala	(-)3h		Uruguai	Igual
☀	Haiti	(-)2h	☀	Vaticano	(+)4h
☀	Holanda	(+)4h		Venezuela	(-)1h
	Honduras	(-)3h			

Fonte: www.24timezones.com

56 PARTIU!

JET LAG: Também conhecida como a "doença do fuso horário", quando você ultrapassa 3 ou 4 fusos em longas viagens de avião. Por "doença", entende-se cansaço, sonolência, dor de cabeça, nada realmente grave. Procure se adaptar à rotina do novo fuso assim que chegar, indo para a cama e fazendo as refeições já no horário local, e não mais nos horários do Brasil. Em até 2 ou 3 dias, você deve se acostumar com a mudança, embora alguns organismos possam necessitar de mais tempo para se adaptar. Um pequeno truque que pode facilitar: se você for viajar rumo ao Leste (Europa, África, Ásia, Oceania), comece a dormir e comer mais cedo; se for para Oeste (Américas), mude esses hábitos para um pouco mais tarde.

Guias de viagem

Se você não sabe, o autor dessas linhas que você está lendo é escritor de guias de viagem – a série Guia O Viajante –, o que o torna bastante suspeito para falar deste tópico. Avisado isso, posso afirmar sem pudor: guias de viagem são extremamente úteis e ajudam bastante. Se a dúvida pesa sobre a compra em função do preço do livro, o valor muito provavelmente será inteiramente compensado pelas dicas que o guia deve dar e que farão você economizar durante a sua viagem e ainda o ajudarão a evitar roubadas. Um legítimo investimento.

Claro que informação confiável não está restrita a páginas de guias. Matérias em revistas e em cadernos de turismo de jornal podem apresentar um destino de forma fidedigna. Sites e blogs disponibilizam mais uma penca de dicas – gratuitas, como quase tudo que está na internet – que devem ajudar a planejar a sua viagem. Por que comprar um guia, então, não raramente um livro pesadão para levar na mala?

Porque um guia – um bom guia – oferece a informação organizada, completa, verificada. Apresenta tudo pronto e disponível; não demanda, como a internet, o gasto de horas e horas de pesquisa (claro que tudo hoje está na web, mas quanto tempo pode ser necessário para encontrar exatamente o que você precisa?). Vai além de fotos bonitas e atrações conhecidas. Extrapola a experiência própria do viajante-escritor e de suas experiências pessoais. É, afinal, a viagem de quem viaja com o intuito profissional de repassar informações práticas e de trazer dicas diferenciadas para a boa aventura do leitor viajante.

Tudo encontrado numa boa livraria ou loja virtual. Confira a data de atualização; quanto mais próximo de sua viagem, melhor. Por outro lado, grande parte da informação é atemporal, de modo que, se um museu aumentou a entrada em alguns euros, isso não será um grande problema. Mas, se o guia for realmente muito antigo, vale checar se o horário ainda é o mesmo ou se não há museus ou atrações novas. Já em relação a hotéis ou restaurantes, ainda que o guia possa dar boas sacadas, as avaliações de sites de reservas (como booking.com, hoteis.com, tripadvisor) podem ser bastante úteis.

Durante a viagem, o guia se torna um livro amigo, um companheiro de viagem que por vezes conversa com você. Pega ônibus e trem com você, dando dicas sobre a locomoção. E se o peso da publicação for um problema, ou a cidade destinatária ocupa apenas poucas páginas de um livro volumoso, sempre se pode tirar cópias ou até fotografar as páginas (mas, por Deus, não arranque as folhas!). Algumas publicações também dispõem de textos em PDF, para serem baixados, ou no formato de aplicativos, para celular. Ou fique mesmo com o livro; afinal, a tecnologia não substitui o guia, que pode ser um eficiente complemento a suas pesquisas – e um charme na estante (entre livros de literatura de viagem) da biblioteca de um viajante de carteirinha.

Principais guias de viagem encontrados no Brasil:

LONELY PLANET (www.lonelyplanet.com) Maior editora de guias de viagem do mundo, já publicou sobre todos os destinos do planeta. Foi fundada em 1972 por um casal viajante, depois foi adquirida pela rede britânica BBC e hoje pertence a um grupo americano de comunicação. No Brasil, seus guias, com bastante informação prática, são traduzidos para o português pela Globo Livros, braço editorial da Rede Globo.

Ponto forte: tem publicações para todos os lugares do mundo.

Ponto fraco: de tão utilizado, hotéis e restaurantes publicados nos seus guias frequentemente se tornam lotados e não demoram a subir os preços. Os títulos no Brasil são sempre traduzidos, escritos por estrangeiros (inclusive o Guia Brazil).

GUIA VISUAL DA FOLHA (www.traveldk.com) Publicado pela editora britânica Dorling Kindersley, é editado no Brasil pela PubliFolha. São bastante ilustrados, coloridos, com papel grosso (o que por outro lado deixa o livro bem pesado) e belo acabamento gráfico, porém com conteúdo pouco aprofundado.

Ponto forte: ilustrações; bom para se planejar com as imagens.

Ponto fraco: peso do livro, ruim para levar em viagens; informação superficial; publica somente traduções ao português.

PLANEJAMENTO **59**

FROMMERS (www.frommers.com) Publicado desde 1952, foi um dos primeiros guias de viagem existentes, obra de seu fundador, o estadunidense Arthur Frommer. No Brasil, é distribuído pela Alta Books Editora, que não traduz todos os títulos ao português. Apesar da longa trajetória, a publicação pouco se modernizou, possui um ar meio ultrapassado (inclusive nas dicas); os guias são um pouco pesados e, geralmente, os mais caros do mercado.

Ponto forte: tradição da coleção.

Ponte fraco: projeto gráfico e editorial pouco atrativo; somente traduções.

FODOR'S (www.fodors.com) Série de guias surgida nos Estados Unidos em 1949, possui mais de 400 títulos publicados. São bastante informativos, por vezes até demais, com longos textos numa página, mais do que a média em guias de viagem. O público-alvo é o turista em geral, que gosta de passeios guiados e bem explicados – um público diferente dos mochileiros e descolados a que se destinam outras publicações.

Ponto forte: bem informativos.

Ponto fraco: texto meio cansativo; livro pesado demais; somente traduções.

ROUGH GUIDE (www.roughguides.com) Publicação britânica, surgiu em 1982 como uma alternativa ao Lonely Planet com dicas para mochileiros. Hoje, colorido, contempla todos os perfis de viajantes, com muitas dicas práticas e culturais. Alguns de seus títulos foram traduzidos para o português pela PubliFolha, mas a grande maioria está em inglês.

Ponto forte: dicas práticas e culturais.

Ponto fraco: poucos títulos em português; somente traduções.

O VIAJANTE (www.oviajante.com) Uma das raras coleções de guias editadas no Brasil, que teve sua primeira edição, sobre a Europa, lançada no ano 2000. Pelo público nacional, é conhecido como "a bíblia do viajante brasileiro", contemplando destinos para a Europa e para a América do Sul. É popular entre mochileiros, por suas dicas práticas, e entre turistas em geral, por suas informações culturais.

Ponto forte: dicas práticas; guias feitos por e para brasileiros.

Ponto fraco: poucos títulos publicados.

Informações turísticas

Se você é daqueles que viaja sem um guia de viagem e sem ter planejado devidamente o seu roteiro, considere obrigatório visitar um centro de informações turísticas. Frequentemente simbolizados por um *i*, encontram-se sempre bem localizados, em zonas centrais e/ou estrategicamente situados junto a estações de trem e aeroportos, grande barbada para os viajantes que estão chegando numa cidade.

Normalmente vinculados ao órgão oficial de turismo do país ou do município, esses locais oferecem, além dos esclarecimentos ao visitante, bastante material impresso sobre atrações, passeios, hotéis – alguns até fazem reservas para você. Costumam também disponibilizar mapas da cidade (na maioria das vezes, gratuitamente), o que é ótimo para orientar sua caminhada. Mesmo que você tenha um mapa num aplicativo, tipo Google Maps, ou no seu guia de viagens, o mapa oficial dos órgãos de turismo, impresso, dobrável, às vezes ilustrado, pontuando os principais atrativos, facilita bastante – procure pegar um.

Nos centros de informação turística de alguns países você encontra à venda o "cartão da cidade" – algo que não temos no Brasil, mas que, eventualmente, pode ser bem útil, principalmente se você for visitar muitas atrações na localidade. Em geral, é uma espécie de passe ou carteirinha que permite a entrada em vários museus e atrações turísticas e, às vezes, o acesso ao transporte urbano; costuma funcionar por um, dois ou até mais dias, se for uma cidade de intensa vida cultural. Antes de adquiri-lo, é bom verificar que lugares o passe cobre a entrada e quais você irá visitar, calculando se é mais vantajoso portá-lo ou pagar os ingressos avulsos.

Língua estrangeira

E aí, como se virar num país estrangeiro sem falar inglês ou a língua local? Mímica, meu jovem, sem vergonha de pagar mico. Vale também desenhar, apontar para pratos alheios em restaurantes e até fazer dancinha se for preciso. Só não vale falar português pausado e bem alto, como se uma repentina surdez do seu interlocutor norueguês fosse o problema de ele não entender o seu claro, sonoro e va-ga-ro-so por-tu-guês...

Quem mandou não levar a sério o inglês que tentaram lhe ensinar?! Agora este é o seu "castigo": se virar criativamente para entender e ser entendido. E falo do inglês, porque essa é a língua universal, goste você dos Estados Unidos e da Inglaterra ou não. Quem domina a língua de Shakespeare (o dramaturgo inglês é a eterna referência do idioma) se comunica em todos os lugares de potencial turístico. Claro, no interiorzão da China ou nos confins da Sibéria, provavelmente só a língua local mesmo, mas, como é pouco provável que você aprenda mandarim ou russo para uma viagem apenas, o melhor é investir no inglês.

Se quase todos o utilizam como uma língua estrangeira, como idioma nativo é o terceiro mais falado do mundo (em torno de 350 milhões de habitantes), com muitos sotaques diferentes. Assim, se você aprendeu o inglês americano, por exemplo, não é difícil que, ao chegar a Londres, tenha dificuldades para entender o inglês falado pelos britânicos. Pior ainda pode ser aquele inglês que você escuta na Irlanda, na Escócia, na Austrália. Não entendeu? – *Sorry, could you repeat please?* – será a sua fala.

Ora pois, isso acontece mesmo com o nosso português que é falado em Portugal, principalmente se, *após o seu pequeno-almoço, onde saboreaste uma porra recheada, encontrares um puto num comboio e perguntares ao gajo se há um autocarro para o bairro de lata onde queres comprar uma camisola do Cristiano Ronaldo* (ou se, após o seu café da manhã, onde saboreaste um churros, encontrares um menino no trem e perguntares ao garoto se há um ônibus para a favela onde queres comprar uma camiseta do Cristiano Ronaldo). Não duvide se chegar em Lisboa e tiver de suplicar por legendas para conversar com nossos amigos alfacinhas. (Vou confessar algo patético, eu sei, mas, ao pedir uma informação a um gajo numa estação de trem, no interior de Portugal, eu simplesmente não conseguia entendê-lo, e passamos a conversar em inglês...). E ainda assim, embora seja o sexto idioma mais falado no mundo, por aproximadamente 260 milhões de habitantes – a maioria esmagadora aqui no Brasil –, a língua portuguesa não o leva a muitos países mais: além de Portugal, há Moçambique, Angola, Guiné-Bissau, Cabo Verde, São Tomé e Príncipe e Timor Leste. Lembro ainda outras duas regiões que conheci: Macau, ex-possessão portuguesa, atualmente território chinês, e Goa, pequeno estado da Índia que esteve, por muitos anos, sob o domínio português – encontrei pessoas mais velhas nesses dois enclaves que falavam, sim, a língua portuguesa (inclusive um farmacêutico em Goa, que, num bom português, me receitou medicamentos para combater uma forte diarreia que tive na Índia... depois os meus remédios foram roubados por macacos... mas tudo isso é outra história!).

Aprender novos idiomas é sempre uma boa, e alguns particularmente podem ser bastante úteis ao viajante. Se o destino for nossos vizinhos sul-americanos, invista no espanhol. Conhecido também como castelhano, é falado, além da Espanha, em toda a América Latina (exceto Guianas, Suriname e alguns países caribenhos), abrangendo mais de 400 milhões de nativos – é a segunda língua mais falada do mundo. O árabe (falado no Oriente Médio e no norte da África) e o hindu (na Índia) têm mais de 270 milhões de nativos, a considerar para quem for viajar para o sudoeste da Ásia. Mais escutado do que todos juntos, só o mandarim, mais de 1,3 bilhão de falantes, tudo por conta da vasta população chinesa.

Menos falados mundialmente, o francês (115 milhões de nativos – além da França, parte do Canadá, da África e da Suíça), o alemão (90 milhões – além da Alemanha, Áustria, Bélgica e Suíça) e o italiano (65 milhões – basicamente, apenas o território italiano) também podem ser úteis numa viagem pela Europa.

O francês, o italiano, o espanhol e o português (pode incluir o romeno também) são línguas latinas, com a mesma origem indo-europeia, portanto apresentam certa semelhança. Assim, mesmo que você não fale nada além do português, há algumas chances de ser compreendido em Paris, Roma, Madri (e Bucareste). Tudo, claro, somado a uma boa mímica. E não, você continua não precisando berrar o seu português em monossílabos para que o entendam.

Mala ou mochila

Dúvida de jovens viajantes: viajo de mala ou mochila? Se é uma viagem essencialmente mochileira (leia sobre isso na p. 120), vá realmente de mochila; se tiver problema de coluna, não hesite em trocar pela mala. Seja uma, seja outra, o importante é que você não carregue peso em excesso. Aprendi isso na marra: na minha primeira grande viagem mochileira, fui acumulando coisas e sobrepesando a mochila. Resultado: voltei com um princípio de escoliose, a qual me acompanha desde então. Hoje viajo com uma pequena mala, do tamanho que entra na cabine (eu raramente despacho a bagagem) e uma mochilinha para o notebook e as coisas que quero ter à mão.

Insisto: nada de sobrecarregar (a mala ou a mochila). Mochileiro, procure não ultrapassar 10% do seu peso. No máximo, 15%. E é totalmente possível viajar assim (no tópico Roupas, p. 74, sugiro o que e em que quantidades levar). Mesmo quem utiliza malas de rodinhas deve seguir essa recomendação, afinal não raramente precisa erguer a bagagem, seja para subir alguns degraus, seja para entrar num táxi.

Se não for convencido pelos riscos a que uma mochila (ou mala) muito pesada expõe a sua coluna, que seja pela praticidade e pelo bolso. Muitas companhias aéreas hoje cobram pela bagagem despachada, enquanto a bagagem transportada pelo viajante, dentro da aeronave, não tem custo. Desde que, claro, não ultrapasse a dimensão, em média, de 55 cm x 40 cm x 20 cm (um total linear de 115 cm) e o peso de, em geral, 10 kg (de 8 a 12, dependendo da empresa).

Tudo isso varia com a companhia e deve ser checado previamente. No Brasil, em voos domésticos, as dimensões e o peso são esses. No nosso país, o controle não é muito rigoroso, mas lá fora algumas aeroviárias realmente fazem você encaixar sua mala numa espécie de gabarito, que tem as dimensões limites permitidas, ou pesam sua bagagem de mão, após o check-in, antes de entrar no *finger* (o corredor móvel que leva o passageiro para o avião), e, se o peso ultrapassar o permitido, você será obrigado a jogar coisas fora na hora de embarcar. Para evitar isso, alguns viajantes, que não têm medo de pagar mico, vestem, na hora do embarque, duas calças, três blusões, quatro camisetas – e ainda enchem o bolso do casaco de cuecas, meias...

Ah, sim, claro, não esqueça que você não pode transportar, dentro da aeronave, armas, objetos cortantes, inflamáveis, líquidos.

Ao não despachar a mala/mochila (nos voos em que esse serviço é cobrado), os mais econômicos se orgulham de não ter gastado para despachar bagagem; os mais apressados curtem não precisar esperar nas esteiras de aeroportos, e os mais precavidos apreciam não correr o risco de ter suas coisas extraviadas (pois sabemos que não é raro o cara estar indo para o Canadá e sua mala ir parar na Ucrânia). Eu, particularmente, não despacho pelos três motivos! ;-)

A mala ideal deve ser de material resistente e deve ter fechos não vagabundos. Evidentemente, com rodinhas (preferencialmente quatro) e uma boa alça de puxar, que devem ser resistentes, confira isso. Tudo para evitar que durante a viagem o manuseio acabe danificando a mala. Deixe o que for mais pesado na parte junto às rodinhas, para facilitar o transporte quando você a levar na vertical.

A mochila ideal deve ser de material resistente e deve ter fechos não vagabundos. (Sim, estou começando o parágrafo igual ao da mala). E alças resistentes e almofadinha na parte de trás, um pequeno alívio para a sua coluna. Bolsos, vários deles, internos e externos, em diferentes locais, também facilitam bastante a organização. Algumas mochilas têm rodinhas, tipo mala-mochila, dois em um, o que se por um lado as torna mais práticas, por outro as torna menos confortáveis, por causa do incômodo nas costas. O que for mais pesado, deixe na parte de baixo.

A organização da bagagem possibilita um aproveitamento melhor do espaço. Faça rolinhos com calça(s), camisetas, saias. Deixe meias dentro do sapato. E os sapatos na parte de baixo. De qualquer maneira, não é porque tem lugar sobrando que você precisa levar mais e mais coisas. O limite não deve ser o espaço, e sim o peso. Já falei que você não deve sobrecarregar demais??

Passagem aérea

Promoção. Essa é uma palavra de que todos gostam, que brilha os olhos do bom viajante, especialmente quando se trata de passagens de avião, que são geralmente caras. Também é um ótimo sinal de que sua viagem está finalmente começando. Descolar passagens promocionais requer um pouco de sorte, mas entrar nos sites certos ajuda bastante.

O Melhores Destinos (www.melhoresdestinos.com.br) é o melhor hoje para encontrar passagens baratas. Os caras têm um sistema eficiente que detecta tarifas promocionais; basta segui-los e cadastrar o seu e-mail, que, em algum momento do dia ou da semana, você receberá um aviso de que surgiu promoção de passagens para a Tailândia, Canadá ou África do Sul.

Outro site bacana para achar boas tarifas é o Skyscanner (www.skyscanner.com.br), que indica os trechos de voos mais baratos para a data solicitada e direciona você para o site vendedor, que pode ser um site de passagens ou a própria companhia aérea. O Skyscanner tem um sistema de buscas que vai atrás da tarifa mais em conta, e você pode deixar seu e-mail para ser avisado toda vez que houver modificação no preço da passagem – não raramente, é alterado para baixo!

Esquema de procura de passagens similar a esses – em que você pode ser alertado – é também oferecido pelo Kayak (www.kayak.com.br), que o direciona a outros sites. Já o Decolar.com (www.decolar.com), além de procurar o melhor preço, também vende a passagem, mas cobra uma taxa adicional por isso (que você não paga no site da companhia aérea). O ViajaNet (www.viajanet.com.br) também procura preços e faz a venda, mas já tive problemas com eles, e o atendimento deixou muito a desejar – não resolveram a questão (um preço de passagem que pelo cartão de crédito não era honrado) e nem mesmo responderam meus e-mails, então, como cliente e usuário, não posso recomendar.

Mais recentemente surgiram as plataformas on-line de compra e (re)venda de milhas, dentre as quais a MaxMilhas (www.maxmilhas.com.br) é a mais popular. Esses sites compram milhas aéreas, trocam essas milhas por passagens de avião e depois vendem as passagens por valores bem mais em conta do que os preços cobrados pela própria companhia aérea. É possível até mesmo achar passagens de primeira classe por preços de classe turística. Mas atenção: embora não haja lei no Brasil que impeça o comércio de milhas, essa prática não é bem-vista pelas companhias aéreas, e não duvide se no futuro as aeroviárias dificultarem esse tipo de transação.

Existe certa crença de que num determinado dia da semana ou num horário específico passagens aéreas custam mais barato. Lenda. O que de fato acontece são as promoções, especialmente para voos nacionais, nos fins de semana, às vezes de sexta à noite até a madrugada de segunda, incentivando famílias a fazerem um pouco de turismo. Ou, olhando por outro prisma, considere que as passagens são mais caras durante a semana, de segunda a sexta, quando executivos viajam a trabalho, independentemente de haver ou não bilhetes promocionais. Vale saber que datas festivas, feriados prolongados e período de férias de verão podem ter tarifas inflacionadas.

Para voos internacionais não há como prever nada: as companhias podem baixar os preços dos bilhetes a qualquer momento (claro que também podem aumentar), sem aviso prévio;

por isso, é bom ficar ligado nesses sites que indiquei. Comprar uma passagem com muita, muita antecedência, ao contrário do que se pensa, nem sempre é uma boa – exceto se você estiver em março, por exemplo, e surgir uma promoção que valha para voar em dezembro. O ideal é monitorar de três ou cinco meses antes da data desejada, que a partir daí pode surgir uma promoção. Mas também não deixe para a véspera. Se já estiver a dois ou três meses da viagem, pode ser o momento de fazer a compra.

Ao comprar, pague com cartão de crédito, sem medo; todo mundo faz assim, e raramente dá problema. Mas, claro, não faça isso em sites desconhecidos. Você deve receber um e-mail logo depois da compra, informando algo do tipo "olha, você comprou, viu?!", e em até 24 horas outro confirmando o pagamento pelo cartão de crédito. Ih, se arrependeu? Se ainda estiver a 24 horas da compra (com pelo menos 7 dias de antecedência à data do voo), você pode desistir sem multa, sem que talvez tenha sido ainda debitado do seu cartão, ou com estorno do valor. Já passou desse tempo? Aí, sim, tem penalidade, que pode até ser o valor integral da passagem, algo de deixar o cara morto de raiva. Veja as regras da sua tarifa – isso muda de acordo com a companhia e com a própria tarifa adquirida (e também segundo as leis de cada país, caso não compre no Brasil); se foi em promoção, não tem muito choro, não.

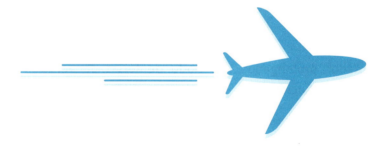

PAPO VIAJANTE

HOJE É CARNAVAL, NÃO ME LEVE A MAL!

O Carnaval provavelmente é o período que mais inflaciona as tarifas de passagem. As companhias realmente jogam os preços lá em cima. Mas, certas vezes, acontece que justamente por isso não vendem. Quem quer pagar 2 mil reais por um trecho só de ida até o Rio de Janeiro? Aí na véspera, literalmente, no meio do carnaval, a tarifa pode apresentar uma bela surpresa reduzindo o preço, baixando aquele valor de 2.000 para 200 reais. Mas atenção, jogar com isso é sorte. Não quero ninguém brigando comigo, falando que deixou de ir no Sambódromo porque ficou esperando a passagem baixar!

PLANEJAMENTO

Passaporte e outros documentos

Você sabe que para sair do país precisa de passaporte, né?! (Exceto se o destino for os países vizinhos hispânicos, comento mais adiante). Esse é o seu principal documento de identificação no exterior, e é nele que serão carimbados os seus vistos de entrada e saída dos países. Hoje vale por dez anos e deve ser solicitado à Divisão de Passaportes da Polícia Federal (até o fim de 2017 estava custando R$ 257,45).

Para fazer o passaporte, você deve entrar no site www.pf.gov.br/servicos-pf/passaporte, preencher a página de solicitação de passaporte, gerar a GRU (Guia de Recolhimento da União), pagar a GRU, fazer o agendamento eletrônico e comparecer ao posto da Polícia Federal munido dos documentos solicitados – carteira de identidade (ou carteira de habilitação desde que acompanhada de outro documento que comprove o local de nascimento), título eleitoral (ou comprovantes de votação da última eleição), documento de quitação do serviço militar (para homens de 18 a 45 anos), passaporte anterior (se ainda estiver na validade) e comprovante de pagamento bancário da GRU. Em até seis dias úteis costuma estar pronto para ser retirado (salvo se houver trapalhadas do governo, como a que houve em junho de 2017, quando a Casa da Moeda suspendeu por quase um mês a emissão de passaportes por "problemas orçamentários").

Guarde o seu passaporte com muito carinho, pois, além de ser extremamente importante para as formalidades internacionais, o nosso, especificamente, é bastante visado no mercado criminal. Sim, se você acha que o passaporte brasileiro não é lá grande coisa, está muito enganado. O Brasil é um país pacífico (temos nossos problemas e uma baita insegurança pública, mas não nos metemos em guerras), mantém relações diplomáticas com todos os 192 países da ONU (há apenas 11 países no mundo que têm relações com todos) e, em geral, é bastante simpático aos olhos do mundo. Ademais, qualquer um pode ser brasileiro: branco, negro, latino, loiro, ruivo; de descendência asiática, árabe, judaica, europeia, indígena. Ponto para nós e para nossa miscigenação cultural.

Caso você perca ou tenha o seu passaporte roubado durante uma viagem internacional, entre imediatamente em contato com a embaixada ou com o consulado brasileiro do país (ou de algum país próximo). Providenciar um novo passaporte passará a ser a prioridade número 1 da sua viagem.

Leia também sobre Vistos na p. 92.

CARTEIRA DE IDENTIDADE: Praticamente não tem utilidade no exterior, onde o que vale é o seu passaporte. A grande exceção é a América do Sul: por todos os países hispânicos do nosso continente (o que não inclui Guiana, Suriname e Guiana Francesa), você pode viajar e atravessar a fronteira apenas com o seu RG. Mas – atenção! – tem que ser a identidade mesmo: não vale a carteira de motorista que utilizamos como identidade no Brasil, nem carteira profissional, tipo documento do CREA ou OAB.

CARTEIRA INTERNACIONAL DE MOTORISTA: A carteira (ou carta, sabe-se lá como você chama) de motorista no Brasil costuma ser aceita lá fora para locação de veículos e até numa parada de rotina de polícia rodoviária – apresentada junto ao seu passaporte. No entanto, alguns países podem exigir a Carteira Internacional de Motorista. Se você pretende dirigir muito em países estrangeiros, pode valer a pena fazer esse documento a fim de evitar maiores aborrecimentos. Deve ser solicitado ao Detran, e, em alguns estados, é possível fazer o requerimento on-line ou a solicitação ao CFC (Centro de Formação de Condutores). O tempo para ficar pronto e o preço variam conforme o estado.

CARTEIRA INTERNACIONAL DE ESTUDANTE: Possibilita aos estudantes estrangeiros descontos em museus, cinemas e em inúmeras outras atrações. Mas não há regra: tanto podem aceitar a sua carteira do Brasil, emitida pela UNE/UBES, como podem exigir a carteira internacional – ou mesmo podem restringir o benefício a estudantes locais. Na dúvida, se você for estudante e for ficar um bom tempo lá fora, especialmente na Europa (onde é mais aceita), providencie a sua carteira internacional. Existem várias, mas a mais comum é a ISIC (International Student Identity Card), que no Brasil é feita através da STB Turismo. Também é possível emitir na STB a Carteira Mundial do Professor (ITIC) e, para quem tem de 18 a 30 anos, o Jovem Card (IYTC): em diversos países, principalmente da Europa, professores e jovens também recebem descontos.

AUTORIZAÇÃO PARA VIAJAR COM MENORES: Se uma criança ou adolescente for viajar ao exterior com apenas um dos pais, é necessário, além dos passaportes, que o outro, pai ou mãe, dê uma autorização por escrito, que deve ser apresentada na hora do check-in ou embarque. Já se for viajar com outros adultos ou responsáveis, é necessário a autorização de ambos os pais. Existe um formulário padrão de autorização, que pode ser baixado pelo portal do CNJ (Conselho Nacional de Justiça) ou da Polícia Federal. Mais informações, assim como para baixar o documento a ser preenchido, acesse http://www.cnj.jus.br e dê uma busca em "cartilha sobre viagem de crianças e adolescentes". Já se a viagem for pelo Brasil, para até menores de 12 anos, basta documento com foto que comprove a filiação. Atenção a tudo isso, pois não são raros os pais, mães ou adultos acompanhados de criança(s) que, no aeroporto ou na rodoviária, perdem viagens por não portarem a devida documentação.

Roupas

Então tudo é uma questão de não levar muita coisa. Escolha de roupas é algo muito pessoal e depende muito do estilo da viagem, dos programas que for fazer, do tempo da viagem, do clima.

Procure levar malhas leves, que não amassem nem pesem demais; de preferência, que sejam fáceis de dobrar, ou, melhor ainda, de enrolar, para que possam ser bem acomodadas na mala ou na mochila.

Momento moda-viagem: tecidos naturais – como lã, linho, seda, algodão – são elegantes, resistentes e confortáveis, mas amassam com facilidade. Se você não se importa de andar com roupa amassada (e eu não sou sua mãe para dizer a você o que é ou não apropriado, rs), ou pretende passar roupa nos hotéis (credo!), vá em frente.

Já fibras artificiais, os sintéticos, tipo acetato, poliéster, náilon, acrílico, viscose, elastano, não são lá muito chiques, mas são leves, amassam bem menos e ainda secam rápido – e tudo isso é ótimo para viagens. Em geral, ajudam a esquentar, especialmente o poliéster, bom para quem vai a um país de clima muito frio. Por outro lado, não absorvem a transpiração, seguram o odor, ou seja, fica aquele cheirinho... Se você não for no Castelo de Caras ou não se importar tanto com o seu... cheirinho natural, digamos, considere levar algumas roupas assim, ou ao menos de tecidos mistos, com um percentual de fibras naturais e outro de fios sintéticos (o que você confere na etiqueta).

Comentei anteriormente (p. 65) que a mala ou mochila não deve estar sobrecarregada. Sugiro então o que e quantas roupas levar para viajar light:

ROUPA	IDEAL	LIMITE DA SENSATEZ
Chapéu/boné/gorro	1	1 Boné no verão ou 1 gorro no inverno
Óculos de sol	1	1 Indispensável no verão
Lenço ou cachecol	1	2 Cachecóis no inverno se for usar todo dia
Gravata	0	0 Sem comentários
Camiseta/blusinha	4	7 Viagem longa, e se você sua demais
Camisa social	0	1 Lembre-se que é o que mais amassa
Blusa/moletom	1	2 Mas evite moletom, pesado e espaçoso
Casaco	1	2 No inverno, e já viaje com um deles
Sutiã	?	? Não sou mulher, não posso opinar
Calça	1	2 Sim, duas são o suficiente
Cinto	1	1 Isso pesa, e alguns raios X apitam, saco
Bermuda	1	3 Se no verão e se for usar muito
Cueca	4	7 Viagem longa, e acostume-se a lavar no banho
Calcinha	?	? Não sou mulher, já disse né
Sunga/maiô/biquíni	1	3 Se o destino for praia
Ceroula	0	1 Se o destino for um país frio no inverno
Calça de abrigo	0	1 Se for esportista, ou substituindo a ceroula
Meias	3	5 Guarde dentro dos sapatos, e lave no banho
Sapato	1	2 Se for sair muito à noite
Tênis	1	1 Se já tem sapato, basta um tênis
Bota	0	1 Mas aí não precisa do segundo sapato
Chinelo	1	2 Se for usar muito para sair durante o dia
Sandália	0	1 Mas aí tira o segundo chinelo

Saúde

Essa realmente é a maior roubada de viagem: ficar doente. Previna-se. Não é difícil tomar algumas medidas que lhe assegurem uma boa saúde durante a viagem. Coma bem – uma jornada turística pode ser bem corrida, e às vezes cara, mas não abdique ao menos de um café da manhã nutriente para começar o dia, de pelo menos um lanche eficiente mais tarde e, para terminar, de uma janta legal (aliás, as refeições, e bons restaurantes de vez em quando, devem fazer parte da experiência de viagem). Beba bastante água – leve uma garrafinha de água na mochila de mão, é preciso se reidratar (mesmo que você não sinta sede). Procure dormir bem – dentro do novo fuso horário. Caminhe bastante – até para conhecer o lugar (isso também deve fazer parte da experiência de viagem). E mantenha sempre o bom humor – e por que não manteria, né? :-) Pronto, essa é a cartilha básica, que nunca falha, para o bom viajante saudável.

Mas, se falhar, o que pode acontecer? E o que fazer??

DOR DE CABEÇA: normal, em razão da mudança de fuso e eventualmente de clima. Leve seus analgésicos, ou compre-os por lá. A dor deve passar logo.

GRIPE: ou resfriado ou uma rinite – nada raro principalmente se você saiu de um verão e entrou num inverno (ou vice-versa). Ou se esteve horas dentro de um avião, encarando um ambiente climatizado, fechado, junto a mais um monte de gente. Você sabe como o corpo humano reage a gripes: os sintomas persistem por alguns dias, e o jeito é ter paciência; enquanto estiver assim, além de tomar vitamina C, procure repousar – deixe para fazer turismo quando estiver melhor. Mas, se não sentir melhora depois de alguns dias, não hesite em procurar um médico.

JET LAG: distúrbio do sono que ocorre após mudanças do fuso horário em longas viagens de avião. Fadiga, dor de cabeça, sonolência. Tudo normal. Todos que atravessam um oceano ou três ou mais fusos passam por isso – então, calma que você se acostumará ao novo horário. Veja na p. 57.

DOENÇAS GASTRINTESTINAIS: uma comida estranha feita por gente esquisita, e você não está legal... Acontece nos melhores países. Se tiver diarreia ou vômito, pegue mais leve na comida e beba bastante água depois disso. Repouse, diminuindo o ritmo do turismo. Se não se sentir melhor em um ou dois dias, ou achar que pode ser algo mais sério, procure um médico.

MAL DE ALTITUDE: também conhecido como *soroche*, acontece com quem, após estar em altitudes bem mais baixas, desembarca diretamente a mais de 3 mil metros – bastante comum sentir isso em cidades dos Andes, como La Paz (Bolívia) ou Cusco (Peru), ou de outras cordilheiras, como o Himalaia. O ideal é se aclimatar aos poucos, ganhando altitude gradualmente. Caso contrário, tontura, desconforto e dor de cabeça serão inevitáveis. Em alguns países andinos, chá de coca é tomado pelos nativos e pode ajudar. Ou apenas tenha paciência, seu corpo irá se acostumar com a nova altitude.

FEBRE AMARELA: doença viral aguda transmitida por mosquitos infectados, provoca febre, náuseas, dores de cabeça, vômito, icterícia (amarelamento da pele) e até hemorragia, podendo ser fatal em alguns casos. Ocorre em zonas específicas da América do Sul – incluindo algumas partes do Brasil – América Central e África. Vai viajar por regiões suspeitas? Não tenha dúvida: tome a vacina da Febre Amarela, disponível gratuitamente em postos de saúde. Em alguns países (onde a doença já ocorre), você, por vir de uma área de risco, é obrigado a apresentar o atestado internacional de vacinação.

MALÁRIA: outra doença transmitida pelo mosquito, também provoca cansaço, dor muscular e febre – mas a febre, neste caso, ocorre em períodos bem marcados, espaçados. A incidência dessa doença é mais comum no norte da América do Sul (no Brasil, região amazônica), na América Central, em grande parte da África, especialmente na região central, e no sudeste da Ásia, sendo responsável por expressivo índice de mortalidade infantil. Não há vacina contra malária, e a precaução, se você for a zonas de risco, é usar repelente contra insetos e cobrir bem a pele com calças e camisas de manga comprida.

RAIVA: doença que pode ser transmitida por ratos, morcegos e cachorros de rua. Se for mordido por um desses, lave o local afetado com água e sabonete e procure ajuda médica na hora: raiva, se contraída e não tratada, pode ser fatal. Preventivamente, pode-se tomar uma vacina antirrábica.

ANIMAIS PEÇONHENTOS: picadas de cobras, aranhas e escorpiões são coisas que não queremos nem cogitar numa viagem. Mas é bom pensar nessa possibilidade, sim, principalmente se você for até os confins da África, Ásia, Oceania, e mesmo da América do Sul ou aqui do Brasil – na real, em qualquer lugar do mundo pode acontecer! (Outro dia, abril de 2017, não teve a história do cara que foi picado por um escorpião dentro de um voo da United?! Rota Houston (EUA) – Calgary (Canadá)! Pois é...). Como prevenção, se vai a um lugar suspeito, leve e use calças compridas e botas de cano alto, já que esses peçonhentos costumam atacar por baixo. Como primeiros socorros, deve-se lavar o local atingido com água e sabonete e procurar ajuda imediatamente, se possível levando o bicho ou ao menos tendo identificado a espécie, para

LEMBRANÇAS DE MOCHILÃO
O CÃO DO DEMO

Passeava eu à noite numa praia da Tailândia, em meados da década de 90, quando um cachorro mal-humorado avançou para mim e cravou seus caninos na minha coxa. A mordida provocou um pequeno sangramento e, sabendo dos riscos de contrair raiva, fui a um posto de saúde. No local, me informaram o quão sério poderia ser essa doença e me orientaram como deveria proceder: 5 doses de vacinas em dias específicos ao longo de 1 mês. Ganhei uma cartelinha para marcar as doses e tive que criar um novo calendário para a viagem a fim de cumprir os prazos da vacinação. E assim levei injeções no dia 1, em Ko Samui (Tailândia); dia 3, Bangkok (Tailândia); dia 7, Hong Kong (então ainda posse britânica); dia 15, Hong Kong de novo (e nesse meio tempo fui à China, mas voltei a tempo para tomar a injeção na então colônia inglesa, pois diziam que as agulhas na China, naquela época, não eram descartáveis!!!); e finalmente o dia 30, em Nova York (atravessei o Pacífico, era uma volta ao mundo). No fim das contas, a única raiva que contraí foi de não ter tomado apenas 1 dose da antirrábica ANTES da viagem.

que o agente de saúde possa mais facilmente definir o tipo de soro antiofídico (no caso de cobras) a ser aplicado. Mantenha a posição da picada o mais para baixo possível, para dificultar a propagação do veneno, e não use torniquetes nem faça incisão na picada, pois podem causar infecção.

ANIMAIS DE GRANDE PORTE: deparar-se com onça, na Amazônia; com pumas, nos Andes; com ursos, nos Estados Unidos e na China; com cangurus, na Austrália; com leão, elefante, leopardo, rinoceronte, búfalo (os Big Five), na África: será muita sorte se você estiver preparado, preferencialmente com a câmera na mão – mas poderá ser um filme de terror se o bicho estiver faminto e encontrá-lo desprevenido. Nesse segundo caso, ao invés de sair correndo, pegue um pedaço de pau, berre e agite os braços, para que você pareça maior do que é. A prevenção é estar sempre com um guia, não sair das zonas delimitadas e nunca entrar sozinho em zonas selvagens ou desconhecidas.

DSTS: se você planeja uma viagem, já deve ser bastante esperto para saber como se pega sífilis, gonorreia, clamídia e AIDS e o que deve fazer para evitar essas doenças. Sim, camisinha. Leve pelo menos algumas unidades, e, se você for um(a) solteiro(a) de sorte, compre mais durante a viagem.

Segurança

Você é brasileiro, certo? Então, parabéns! – você já está graduado e pós-graduado em segurança pública na Universidade Brasilis da Vida. Talvez nenhum lugar do mundo hoje, com exceção da Síria, Somália, Afeganistão e Venezuela, ofereça mais riscos do que o Brasil. Mas, vamos lá, sempre vale lembrar algumas questões.

ROUBO: seu dinheiro e passaporte (depois de sua saúde, claro) são seus bens mais preciosos numa viagem. Guarde-os muito bem, preferencialmente numa doleira, que você esconde por dentro das calças. E fique sempre com ela, até para dormir e tomar banho (OK, na hora do banho pode tirar, mas deixe num local à vista), exceto se estiver num quarto privativo com cofre. Evite andar com relógios e joias caras (precisa mesmo??), e cautela ao usar o celular. Assaltos à mão armada não são muito comuns mundo afora, mas roubos de bolsa, carteira e afins podem acontecer em qualquer lugar, até na Europa e nos Estados Unidos. Por isso, ao sair na rua, evite manusear a doleira ou toda a sua grana; separe o dinheiro e os cartões de crédito que deve usar durante o dia e deixe-os à mão – num bolso, numa carteira, numa bolsa. Se por azar alguém roubá-lo, você perderá o dinheiro de apenas um dia (não o passaporte e o dinheiro de toda a viagem). E no caso do roubo, não deixe de ir a um posto policial registrar queixa.

MULHERES SOZINHAS (OU MESMO ACOMPANHADAS): evite o que você evitaria no Brasil: andar por ruas escuras ou desertas, especialmente à noite. Caso você seja abordada de forma agressiva ou que a deixe desconfortável, não hesite em gritar e pedir ajuda. Importante perceber os códigos culturais dos países.

LEMBRANÇAS DE MOCHILÃO
PÂNICO... OU NÃO...

Eu estava em Lima, uma cidade que possui um pequeno histórico de terremotos, mas nem me passou pela cabeça que um abalo sísmico poderia ocorrer quando eu estivesse na capital do Peru. Não, não comigo por lá. Pois não é que, tranquilo e faceiro ao acordar no meu quarto de hotel, começo a perceber um tremor. Vi o piso balançar, a mesa se mexer, o armário sacudir. Levei uns segundos para me dar conta – estava acontecendo um terremoto em Lima – e eu estava lá! Meu Deus, o que preciso fazer? Imaginei hóspedes em pânico correndo pelos corredores do hotel, multidões em pânico correndo pelas ruas da cidade, e eu deveria fazer o mesmo! Espiei pela janela, tudo parecia normal; abri a porta do quarto, o hotel estava tranquilo. Que diabos de terremoto é esse onde não há pessoas em pânico??? Mal pude perceber que o tremor havia cessado, exceto o dos meus ossos. Ainda assim, desci rapidamente, para constatar que Lima continuava exatamente igual ao dia anterior. Só pude ter certeza que eu realmente testemunhei um terremoto quando na TV do restaurante onde eu tomava café da manhã uma apresentadora comentava, sem grandes alardes, sobre o abalo sísmico de 5,3 na escala Richter que recém havia afetado Lima. Nada de mais. Depois descobri que esses tremores, nesse nível, não são nada raros, e mal são considerados terremotos. Além do que, grande parte dos prédios (incluindo o hotel onde eu estava), contam com uma estrutura resistente a sismos até mais fortes, e isso é praxe em cidades de países que já têm históricos de terremotos, como Chile e Japão. Beleza então. Continuo viajando.

Nas nações muçulmanas, no Oriente Médio, por exemplo, não use decotes e saias curtas. Já em países latinos ou mediterrâneos, como Itália e Grécia, impera algum machismo – e as viajantes talvez percebam que, nesses lugares, os homens se atrevem a assediar sem muita discrição. Falando em assédio, a Índia é um dos lugares em que mais se registra essa prática nefasta, o que, aliado a costumes ultrapassados (como o sistema de castas) e a impunidades (como os casos de estupros sem condenação), não torna o país particularmente seguro para mulheres. Mas isso também não quer dizer que você terá problemas por lá, ou em qualquer outro lugar. Tanto que em países da África, do sudeste da Ásia, por toda a Europa ou América do Sul, cada vez mais se veem mulheres viajando, com amigas ou sozinhas, sem relatar qualquer infortúnio. Leia as dicas de uma viajante na p. 123.

TERRORISMO: isso ao menos não temos no Brasil. Acontece na Europa, no Oriente Médio, vez ou outra na Ásia, na África, nos Estados Unidos. Não há como prever onde e quando. Então a dica é seguir a sua vida – ou a sua viagem – normalmente, sem mudar planos de visitar a Espanha ou a França, por exemplo, por medo de que uma bomba ou um atropelamento terrorista possa acontecer quando você estiver por lá, até porque a probabilidade de você estar envolvido nisso, se e quando ocorrer, é muito, muito baixa.

ACIDENTES NATURAIS: dessa também escapamos. Terremotos, furacões, tsunamis. Com exceção de alguns períodos de tempestade intensa em alguns locais, como Caribe, Indonésia e sul dos Estados Unidos – confira essa questão antes de organizar a sua viagem a essas regiões –, é difícil prever esses fenômenos meteorológicos. Também é pouco provável que você esteja num desses lugares justamente no momento em que esteja ocorrendo alguma dessas intempéries, mas, se rolar, saiba que os países já têm experiências com isso: possuem prédios adequados para terremotos, hotéis com quartos subterrâneos para furacões e até estruturas de emergência no caso de tsunami.

TE LIGA, VIAJANTE
MY FRIEND

E aí você está andando na rua e chega alguém sorrindo com um "hello my friend!". Uma das coisas mais bacanas numa viagem é fazer amigos, mas o indivíduo que o aborda do nada com esse papinho muito provavelmente não é seu amigo. OK, até pode vir a ser, mas, como o seguro morreu de velho, desconfie de suas intenções, talvez até não dando muita trela nem se mostrando demasiadamente interessado. Grandes chances de, logo depois de perguntar de onde você é (e de, após a sua resposta, ele balbuciar os nomes do Neymar e do Ronaldinho), o cara oferecer a você um passeio turístico pelo Sena, uma audiência com o papa, uma noite inesquecível com belas eslovacas. Passeio turístico, feche com agências indicadas, não com pessoas na rua; para a audiência papal, Sua Santidade não manda representantes; e sobre as belas eslovacas... Garoto, por favor, não caia nessa! Não raramente alguns viajantes bobinhos entram num bar de "entrada gratuita", mas são obrigados a consumir uma cerveja de 100 euros e oferecer outra de igual valor à "bela eslovaca". Bem, é ainda melhor do que o outro, que acordou num hotel vagabundo com a carteira zerada... O que é bem menos pior do que o terceiro, que acordou no mesmo hotel, dentro de uma banheira, sem um rim... Então, meu amigo, apenas um conselho: seja esperto!

PLANEJAMENTO 85

Seguro-viagem

Ninguém viaja para quebrar uma perna, mas pode acontecer. E ainda pior é o risco de pagar o valor de um carro zero pelo hospital ou tratamento médico. Eventualmente você até pode conseguir uma assistência médico-hospitalar gratuita, mas não conte muito com isso. Para se precaver, faça um seguro-viagem.

Um bom seguro deve cobrir atendimento médico (isentando-o de pagamento na hora da consulta ou arcando com o reembolso, caso você precise pagar pelos serviços); assistência em casos de acidente; estadia extra, caso necessário; assistência odontológica; assistência no caso de extravio de bagagem e até repatriação médica e funerária.

Os valores de seguro variam bastante conforme a empresa e as características da viagem. Entre as variantes estão o valor da cobertura (o que pode ser 8 mil dólares ou 150 mil dólares, por exemplo), o tipo de viajante (gestante, idoso), o local de destino (país caro, zona de risco), a duração da viagem (duas semanas, um mês) e a extensão da cobertura (acidentes esportivos, despesas com hotel).

Para ter uma ideia de preço, faça cotações direto nos sites das seguradoras. As mais utilizadas são Mondial, Assist Card, Affinity, World Nomads, Travel Ace, GTA e Isis. Para agilizar o processo de comparação, sites como www.seguroviagem.srv.br e www.comparaonline.com.br/seguro-viagem podem ajudar. Lembre-se de que os preços variam com os tipos de cobertura e o limite de valor assegurado.

Alguns cartões de crédito concedem a seus usuários um seguro de viagem, já incluído na anuidade. Consulte a operadora do seu cartão sobre isso, assim como sobre o plano de cobertura e os benefícios. Muito provavelmente, pelo cartão, utilizando-o para comprar a passagem, você também consegue a carta de confirmação do seguro necessário para ingressar em alguns países, como em boa parte das nações europeias. Veja o box abaixo.

PAPO VIAJANTE

VAI PARA A EUROPA?

Importante saber que vários países signatários do Tratado de Schengen exigem um seguro-viagem com cobertura de no mínimo 30 mil euros – isso pode ser pedido a você no momento de entrar no país, e a falta desse documento pode ser um motivo para sua deportação. Embora na prática não costumem exigi-lo, a apresentação desse seguro pode ser solicitada ao ingressar na Alemanha, Áustria, Bélgica, Bulgária, Dinamarca, Eslováquia, Eslovênia, Espanha, Estônia, Finlândia, França, Grécia, Holanda, Hungria, Itália, Islândia, Letônia, Lituânia, Luxemburgo, Malta, Noruega, Polônia, Portugal, República Tcheca, Romênia, Suécia e Suíça.

Se precisar utilizar o seguro durante a viagem, ligue para a empresa contratada antes de ir para o hospital – essa é uma determinação da maioria das seguradoras. Claro que isso nem sempre é possível, e aí, nesse caso, após ser atendido ou internado, muitas vezes o procedimento é pagar as despesas médicas e depois solicitar reembolso à seguradora. Já quando se recorre a um hospital ou centro médico indicado pela seguradora, é muito provável que a conta vá direto para a companhia de seguros. Mas tudo isso são apenas informações, pois você não terá qualquer imprevisto desses durante a sua viagem, certo? ;-)

Tecnologia

O novo milênio, graças ao enorme desenvolvimento de recursos tecnológicos, em muitos aspectos mudou a forma de viajar, e a cada ano novos aparatos surgem para facilitar a vida do viajante – e a grande maioria cabe na palma da sua mão. Plataformas digitais, através de sites e aplicativos, oferecem uma gama de serviços bastante úteis nas diferentes etapas da viagem – podem auxiliá-lo na compra de passagens aéreas, indicando as tarifas mais baratas; na reserva de hotéis e albergues, também indicando as diárias mais em conta; na busca de casas de câmbio, mostrando as que têm melhores taxas de conversão; na realização do check-in do seu voo, possibilitando-lhe emitir o cartão de embarque em casa. Mais ainda, as novas tecnologias podem ajudá-lo a conseguir informações sobre o lugar para onde você vai, a montar roteiros, a baixar mapas, a usar transporte público ou privado, a se orientar nas cidades. E mais e mais ainda.

Ao longo deste livro, indico vários sites e apps que têm por finalidade facilitar a vida do viajante. De qualquer maneira, cito aqui uma dezena e meia de aplicativos (gratuitos, para iOS e Android) úteis em viagens – alguns bem conhecidos, outros nem tanto, mas todos nos fazendo saudar a tecnologia:

➜ Para procurar passagens aéreas: Skyscanner

➜ Para reservar hotéis: Booking.com

➜ Para conferir dicas de viajantes: TripAdvisor

➜ Para ajudar na organização da viagem: Google Trips

➜ Para calcular distâncias e estimar custos de transporte: Rome2Rio

➜ Para se informar sobre o clima: The Weather Channel

➜ Para converter moedas: Conversor de Moedas

➜ Para traduzir idioma: Google Tradutor

➜ Para saber situação de voos (e tempo nos aeroportos): Flight Aware

➜ Para descobrir restaurantes e pratos locais: FoodSpotting

➜ Para localizar redes de wi-fi (com senhas): Wiffinity

➜ Para baixar mapas de cidade: Maps.Me

➜ Para conhecer outros viajantes: MeetUp

➜ Para descolar uma carona: BlaBlaCar

➜ Para achar banheiros: Flush

Existem, claro, outros milhares de aplicativos para viagens. E, embora todos sejam bastante úteis, as funções de alguns podem decepcionar: ou por exigirem que se esteja on-line, ou por fornecerem um serviço incompleto, ou até por conterem informações erradas. Por exemplo, você pode procurar um cinema próximo de onde esteja, e o app encontrar e informar uma videolocadora que fechou há 3 anos. Portanto, procure baixar apps absolutamente confiáveis (mas esses também falham) e não deixe de, antes de ir até o local indicado, verificar se o lugar é o que você realmente espera.

Nada disso, claro, tira o valor dos aplicativos de viagem. Mas a tecnologia vai além de smartphones. Aliás, a tecnologia segue além! Muitas inovações ainda estão sendo criadas ou aperfeiçoadas, como os softwares que, cada vez mais, saberão os gostos do viajante e irão lhe propor roteiros inteiros, ou como os recursos que agilizarão o check-in e, no controle de segurança, aposentarão as chatonildas máquinas de raios X.

E há, ainda, as invenções do futuro, que parecem coisas de filmes de ficção – mas quem pode afirmar que em alguns anos não estarão ao alcance de todos? Como os wearables, gadgets de computação integrados ao corpo do usuário, que poderão lhe dar uma boa noção do que irá vivenciar em determinado destino e das sensações que a viagem poderá lhe proporcionar. A dúvida é se, com esse dispositivo tecnológico, não haverá mais viajantes virtuais do que reais...

Tomadas

Você não viaja sem o notebook? Secador de cabelo? Mas certamente o celular (e o carregador) você leva. E também talvez tenha uma câmera fotográfica com pilhas recarregáveis. Então não é exagero se preocupar em como irá ligar seus aparelhos na energia elétrica ou recarregar a bateria. Existem pelo menos 14 padrões de tomada pelo mundo e, com exceção da África do Sul, nenhum outro país possui o padrão de tomadas do Brasil. Bom levar um T (tê) ou um benjamim (como para nossas tomadas antigas, um padrão mais comum); ainda assim poderá ser necessário um adaptador, o que talvez você consiga na recepção do seu hotel (para o padrão de pinos brasileiros pode ser mais difícil, mas para entrada de USB, caso de celulares, já é bem mais fácil de os hotéis disponibilizarem). Caso contrário, deverá comprar um; não costuma ser muito caro nem difícil de encontrar (mercadinhos de esquina às vezes vendem).

IMAGENS DE ALGUMAS TOMADAS

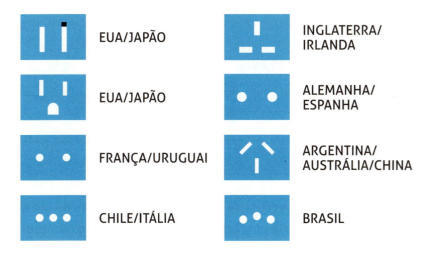

Muitos outros países adotam essas tomadas, além de outros modelos; da mesma forma, um país pode ter mais de um padrão. Confira mais em www.worldstandards.eu/electricity/plugs-and-sockets/

Vacinas

Basicamente há uma única vacina necessária, exigência de alguns países: contra a Febre Amarela. Você pode tomá-la em postos de saúde, gratuitamente, e o ideal, com relação à imunologia, é que faça a vacina 30 dias antes da viagem (ou, no mínimo, 10 dias). Você irá ganhar um certificado de vacinação, e – atenção – é necessário trocá-lo por um certificado internacional, em postos da ANVISA (Agência Nacional de Vigilância Sanitária), localizados em aeroportos internacionais.

A antirrábica é a vacina que combate a raiva, doença transmitida pela mordida de animais infectados (ratos, gatos, cachorros); não é obrigatória, mas pode ser bastante útil. Eu que o diga... Leia na p. 80.

Vistos

Portadores do passaporte brasileiro não precisam de visto para viajar para mais de uma centena de países. Mas isso não quer dizer que é só chegar e entrar como quem visita a casa da sogra. Significa que não precisa de trâmites burocráticos ou de algum pagamento para entrar no país, mas pode haver um visto, sim; neste caso, normalmente um carimbo, que você pega na entrada, informando o tempo máximo que você pode permanecer no país (geralmente 90 dias).

Tampouco o fato de "não precisar de visto" garante 100% a entrada. Afinal, existe controle no ingresso do país, e a polícia fronteiriça ou alfandegária, se desconfiada de alguma coisa (como, por exemplo, que você pretende trabalhar ilegalmente por lá), pode barrar a sua entrada. Não é comum, mas pode acontecer – Reino Unido e Espanha têm certo histórico nesse tipo de coisa, embora, nesses países, o número de viajantes impedidos de entrar seja bem pequeno se comparado ao de viajantes que entram.

Recebeu o visto, está liberado para circular livremente pelo país – ou mesmo entre vários deles. Caso da União Europeia – do Espaço Schengen na verdade (veja box p. 87) –, onde, você já tendo ingressado, pode ir de um país a outro sem nem mesmo mostrar o passaporte (num período limitado a 90 dias). Mas não bobeie; é importante respeitar as regras, como não se envolver com nenhum tipo de trabalho nem passar do prazo de permanência no território. Infringir tais normas pode dar cadeia e deportação.

Além do visto de turista, que você receberá ao entrar no país, existem outros bem específicos, como o de estudante, de trabalho ou de permanência temporária. Caso deseje um desses vistos especiais, informe-se na devida embaixada. Você até pode estudar no país sem o visto de estudante, apenas com o visto de turista, desde que não extrapole o período-limite autorizado.

Alguns países, como Cuba ou Quênia, tratam a questão do visto como mera formalidade, sem dificuldades: mediante o pagamento de uma taxa, você recebe o visto ou no aeroporto, antes do embarque, direto da companhia aérea, ou ao entrar no país de destino. Só tem de liberar uns dólares. Outros, como Índia e Vietnã, estão partindo para a tecnologia: pela internet você preenche todos os seus dados e já faz o pagamento, recebendo on-line uma espécie de e-Visa, que deverá apresentar no momento da chegada. Nem todos, porém, facilitam – Estados Unidos e China são bem chatinhos nas exigências. Encare como o desafio burocrático de quem quer conhecer o mundo!

Países que não exigem visto de brasileiros:

NA AMÉRICA DO SUL: Argentina, Bolívia, Chile, Colômbia, Equador, Guiana, Paraguai, Peru, Suriname, Uruguai, Venezuela. (Todo o continente sul-americano, exceto a Guiana Francesa, que é território francês).

NA AMÉRICA CENTRAL E CARIBE: Antígua e Barbuda, Aruba, Bahamas, Barbados, Belize, Costa Rica, Curaçao, Dominica, El Salvador, Granada, Guatemala, Haiti, Honduras, Jamaica, Nicarágua, Panamá, República Dominicana, Santa Lúcia, São Cristóvão e Nevis, São Martinho, São Vicente e Granadinas e Trinidad e Tobago.

NA AMÉRICA DO NORTE: México.

NA EUROPA: Albânia, Andorra, Alemanha, Áustria, Bélgica, Bielorrússia, Bósnia e Herzegovina, Bulgária, Chipre, Croácia, Dinamarca, Eslováquia, Eslovênia, Espanha, Estônia, Finlândia, França, Grécia, Holanda, Hungria, Irlanda, Islândia, Itália, Kosovo (Brasil não reconhece o país), Letônia, Liechtenstein, Lituânia, Luxemburgo, Macedônia, Malta, Mônaco, Montenegro, Noruega, Polônia, Portugal, Reino Unido (Inglaterra, Escócia, País de Gales e Irlanda do Norte), República Tcheca, Romênia, Rússia, San Marino, Sérvia, Suécia, Suíça, Turquia, Ucrânia, Vaticano. (Todo o continente europeu, exceto a Moldávia).

NA ÁFRICA: África do Sul, Botsuana, Marrocos, Namíbia, Saara Ocidental (o Brasil não reconhece este país, mas informa que dispensa visto), Seychelles (Ilhas), Suazilândia, Tunísia.

NA ÁSIA E ORIENTE MÉDIO: Armênia, Cingapura, Coreia do Sul, Emirados Árabes (está para ser aprovada a isenção), Filipinas, Geórgia, Hong Kong (território chinês), Israel, Macau (território chinês), Malásia, Maldivas (Ilhas), Mongólia, Palestina, Tailândia, Turquia.

NA OCEANIA E ILHAS DO PACÍFICO: Fiji (Ilhas), Micronésia, Nauru, Nova Zelândia, Palau, Samoa Ocidental, Tonga, Tuvalu (Ilhas).

Essa lista costuma ser alterada, normalmente para incluir mais países que dispensam o visto de brasileiros; de qualquer forma, vale conferir com o consulado do país para onde você pretende viajar ou mesmo com o Ministério das Relações Exteriores – www.portalconsular.itamaraty.gov.br/tabela-de-vistos-para-cidadaos-brasileiros (embora nem sempre a informação do próprio Itamaraty esteja correta ou atualizada).

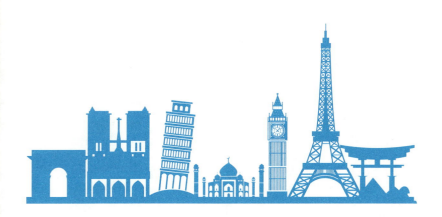

3 OS VIAJANTES

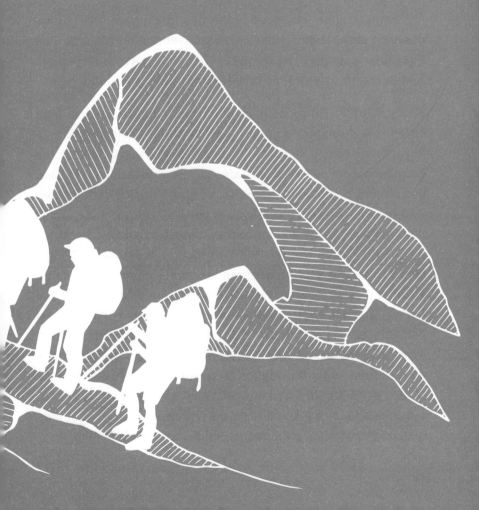

3 OS VIAJANTES
QUEM É VOCÊ NA HORA DE PARTIR

AVENTUREIROS

Praticar uma atividade esportiva pode ser uma ótima desculpa para viajar. Algumas práticas aventureiras (de uma lista que poderia ser gigante) são particularmente bacanas de realizar fora (ou mesmo dentro) do Brasil. Vamos a algumas delas.

BUNGEE JUMP: Em todos os continentes, pode-se sentir a pura adrenalina de saltar de pontes e prédios. Nos Estados Unidos, a Royal Gorge Bridge – a ponte mais alta do país, e uma das maiores do mundo, com 321 metros – oferece um impressionante visual dos cânions do Colorado. Na Suíça, a represa do rio Verzasca, com 220 metros, tornou-se célebre por ter sido o local onde James Bond pulou na cena de abertura do filme Golden Eye. Na África do Sul, no Parque Nacional de Tsitsikamma, a Bloukrans Bridge, com 216 metros, é outra das grandes pontes a promover o salto. A China proporciona um cenário urbano com a Torre de Macau, onde, a 233 metros, há uma plataforma de bungee jump. A Nova Zelândia guarda a Kawarau Bridge, não tão alta como outras, apenas 43 metros, mas de relevância histórica, pois é apontada como o lugar em que os saltos amarrados em corda começaram, no ano de 1988. No Brasil, um dos muitos locais onde se pratica essa modalidade é Paulo Afonso, na Bahia, que oferece o salto de uma ponte metálica, a 86 metros, sobre o rio São Francisco.

98 PARTIU!

MERGULHO: No Brasil, nenhum lugar se compara a Fernando de Noronha, com suas águas cristalinas, visibilidade de até 40 metros e rica fauna marinha, que inclui tartarugas, golfinhos e até tubarões. Outras águas maravilhosas, propícias ao mergulho, e não muito distantes de nós, brasileiros, são Cozumel, no México; Belize, no Caribe; Galápagos, no Equador (já mergulhei por lá, e nadar próximo a um tubarão, que apareceu de surpresa, foi uma das experiências de maior adrenalina por que já passei). Para quem puder ir mais longe, vale se aventurar pelas belíssimas águas da Oceania: a Grande Barreira de Corais, na Austrália, e o paraíso de ilhas na Polinésia Francesa, como Taiti, Bora Bora, Moorea, Huahine, Raiatea e Tuamotu. Quem não quiser ou não estiver apto a nadar com cilindro, pode brincar com snorkel.

MONTANHISMO: Vale escalada (ou alpinismo) – mas só para aqueles que já têm experiência na atividade – ou uma caminhada reforçada, que não exige grande conhecimento técnico, apenas boa forma física. Nada melhor, para encarar essa aventura, do que escolher uma entre as três maiores cordilheiras do planeta, situadas em três diferentes continentes: na Ásia, o Himalaia (China, que inclui o invadido Tibete, Nepal, Índia, Paquistão, Butão), que hospeda o maior pico do mundo, o Everest (8.848m); na América, os Andes (Argentina e Chile, principalmente, e, em menores altitudes, Bolívia, Peru, Equador, Colômbia e Venezuela), onde fica a maior montanha fora da Ásia, o Aconcágua (6.962m); na Europa, os Alpes (vários países no centro do continente, em especial Suíça e Áustria), que têm o Mont Blanc como o maior pico (4.810m, na fronteira entre França e Itália). Além das cordilheiras, destaca-se na África o Kilimanjaro (Tanzânia fronteira com Quênia), a maior montanha isolada do mundo (5.895m), que é mais uma subida intensa do que propriamente uma escalada. Na tríplice fronteira entre Venezuela, Guiana e Brasil, encontra-se o Monte Roraima (2.810m), que também tem mais a característica de uma subida intensa do que de uma escalada propriamente.

SURFE: Qual surfista, mesmo o ocasional, de férias, nunca teve vontade de percorrer o mundo acompanhado de sua prancha? Boas ondas são encontradas no Havaí (por toda a ilha, com destaque à sonhada Pipeline, Oahu); na Indonésia (Bali, outra ilha repleta de praias propícias ao surfe); no Taiti (Teahupoo, ondas perfeitas num paraíso da Polinésia Francesa); na Austrália (Gold Coast, Superbank, onde parece que todo australiano é naturalmente um surfista); na África do Sul (Jeffrey's Bay, talvez os melhores tubos do planeta); em Portugal (Nazaré, Praia do Norte, onde, em 2011, o estadunidense Garret McNamara surfou a maior onda do mundo, de 30 metros); no Equador (Montañita, praia popular entre surfistas e mochileiros, no Pacífico sul--americano); no Brasil (Florianópolis, praias Mole e Joaquina, só para não deixar de mencionar, entre milhares de outras possibilidades do nosso país).

TREKKING: Talvez a atividade mais democrática de todas – exige apenas um par de tênis, uma forma física razoável e um cenário com uma trilha a ser percorrida. No Brasil, entre os inúmeros cenários (em todos os estados do país), há algumas regiões especialmente procuradas pelos caminhantes, como Aparados da Serra (RS), Lagoinha do Leste (SC), Serra Fina (SP, RJ, MG), Serra dos Órgãos (RJ), Serra da Canastra (MG), Chapada dos Veadeiros (GO), Chapada dos Guimarães (MT), Chapada Diamantina (BA), Lençóis Maranhenses (MA), Monte Roraima (RR). A América do Sul é um continente espetacular para quem curte caminhadas reforçadas. A Patagônia oferece várias trilhas, tanto no lado argentino (como ao Cerro Fitz Roy) quanto no chileno (destaque ao Parque Torres del Paine). E no nosso continente fica um dos mais almejados trekkings do mundo: a Trilha Inca, no Peru, que tem como ponto de chegada a célebre Machu Picchu (veja o box da p. 134).

CADEIRANTES

Por certo, não são poucos os desafios que cadeirantes devem superar numa viagem, especialmente em locais menos desenvolvidos – entre os quais podemos, infelizmente, incluir o Brasil (ainda que estejamos investindo no aprimoramento do acesso a pessoas com mobilidade reduzida). Já em países como Inglaterra, França, Alemanha, Canadá, Estados Unidos e Austrália, a acessibilidade urbana é algo mais bem pensado, resultado de políticas que buscam proporcionar o acesso amplo e democrático nos espaços públicos.

Portadores de necessidades especiais, ou de algum tipo de limitação física, que gostariam de planejar uma viagem com segurança, contam com blogs de viajantes que têm o mesmo problema que eles: em https://turismoadaptado.wordpress.com, o autor, que tem um livro digital sobre inclusão e acessibilidade no turismo, presta consultoria de viagem; o blog http://cadeiravoadora.com.br, de nome muito inspirado, também trata de saúde espiritual e alimentação saudável; e no blog http://guiadoviajantecadeirante.blogspot.com.br a autora, cadeirante que percorreu os Estados Unidos e o Canadá, relata sua larga experiência de viagem (embora não atualize o blog desde 2015).

CRIANÇAS

Viajar com filhos pequenos pode ser uma curtição dupla, por você e por eles. Tudo é uma questão de adequar os destinos à idade das crianças e ao tipo de programa que você (ou elas) deseja(m). Existem os paradeiros óbvios, como a Disney, e aqueles mais desafiadores, que envolvem visitas a museus e palácios.

Viagem para parques temáticos

Nada fascina mais as crianças do que parques temáticos. Uma viagem a esses locais, além do planejamento básico, não exige toda uma programação especial para agradar os pequenos: os parques já apresentam um mundo lúdico, cheio de encantos (ainda que artificiais), milimetricamente pensados para entreter a meninada.

O auge do reino da fantasia se encontra nas proximidades de Orlando, no estado da Flórida, sudeste dos Estados Unidos, traduzido em quatro parques do mundo de Walt Disney. O **Magic Kingdom** é o mais visitado deles e o mais popular entre as crianças menores: apresenta diariamente desfile de personagens (como Mickey e Donald) e de princesas; tem atrações como Piratas do Caribe e Space Mountain e abriga o icônico castelo da Cinderela. Imagem simbólica também é a esfera do Spaceship Earth, no **Epcot**, parque de temática futurista – o mais adulto dos quatro parques, mas ainda atrativo a crianças. Outro que deve agradar tanto aos mais velhos como aos pequenos é o **Disney's Hollywood Studio**: focado nos filmes da Disney, inclui desde clássicos dos anos 40 e 50, como Fantasia e Branca de Neve, a obras contemporâneas, como Toy Story e Star Wars (a Disney comprou a LucasFilm e promete criar uma ala dedicada à saga interplanetária). O quarto parque é o **Animal Kingdom**, também temático, dedicado ao reino animal.

Na outra ponta dos Estados Unidos, na Califórnia, se encontra o precursor desses parques: a **Disneyland**, fundada em 1955, é um bom programa para quem visita Los Angeles, já que a atração fica a apenas 40 km da cidade. Bastante próximo da Disneyland está o **Disney California Adventure**, inspirado em cenários cinematográficos.

Não só nos Estados Unidos se encontram parques do Donald e do Pateta – há parques também no Japão (o **Disneyland Tokyo** e o **Tokyo DisneySea**), na Coreia do Sul, em Hong Kong e até em Paris. Os japoneses gerenciam ainda o **Universal Studios Japan**, com atrações ligadas a Harry Potter, Homem-Aranha e Jurassic Park – o parque original do estúdio cinematográfico da Universal está na Flórida, Estados Unidos.

A **Disneyland Paris** tem uma história curiosa. Os franceses, tão nacionalistas, chiaram quando o país recebeu o parque americano, em 1992, e no início tentaram boicotá-lo – até porque já tinham o seu, o **Parc Astérix**, dedicado ao personagem francês Asterix. Mas acabaram se rendendo: hoje a EuroDisney, como é popularmente conhecida, é o mais visitado parque temático da Europa, e pode ser o trunfo para uma boa combinação com as crianças: num dia se vai ao Louvre e o Museu D'Orsay e, no outro, à Disneyland Paris – que fica a apenas 40 minutos da capital francesa.

No continente europeu, outros parques bastante visitados, claro que sem a mesma popularidade dos da Disney, são o **Europa Park**, no sudoeste da Alemanha, próximo a Estrasburgo, famoso por suas montanhas-russas; o **Efteling**, na Holanda, a 80 km de Amsterdã, inspirado no mundo dos contos de fada; o **Futuroscope**, no sudoeste da França, próximo a Bordeaux, parque de temática futurista e audiovisual; e o **Tivoli**, em Copenhague, na Dinamarca, um dos parques de diversão mais antigos do mundo (foi fundado em 1843).

Da Dinamarca também vem a **Legoland**, parque construído com as pecinhas dos famosos blocos de montar, uma proposta bastante criativa. Existem seis parques Lego no mundo: além do da Dinamarca, há dois nos Estados Unidos (adivinhe onde: Flórida e Califórnia, como se não houvesse parques suficientes por lá), um na Alemanha, um na Inglaterra e um... na Malásia.

Já deu para perceber que parques temáticos existem em todos os lugares; até no Brasil há um – e não fazemos feio. O **Beto Carrero World**, em Santa Catarina, a 8 km do aeroporto de Navegantes, é o maior parque do gênero da América Latina, contando com mais de 100 atrações, que abrangem desde brinquedos infantis até diversões mais radicais.

Viagem para centros urbanos

Para as crianças se divertirem, não é necessário ir a parques com montanhas-russas, habitados por príncipes e princesas, já que toda cidade de boa infraestrutura turística deve oferecer programações familiares, que contemplem todas as idades. Um tipo de atração que realmente agrada a todos são os museus de ciências e história natural, que costumam mostrar de dinossauros a curiosidades sobre o nosso planeta. Os dois melhores museus especializados nesse tema são provavelmente o de Nova York e o de Londres. Nos Estados Unidos, existem outros ótimos por todo o país, com destaque aos de Chicago, Washington e Filadélfia. Em

Londres, ao lado do de história natural, há um museu de ciência, formando, para o visitante, uma conveniente dobradinha (ou uma trinca, se incluir o não menos interessante Victoria and Albert Museum, junto aos outros dois). Não há país no mundo que não tenha museus bacanas desse gênero, que, normalmente, são bastante interativos; no Brasil, bons exemplos são o Catavento Cultural, em São Paulo; o Museu do Amanhã, no Rio de Janeiro, e o Museu de Ciências e Tecnologia da PUC, em Porto Alegre.

E há os enormes e diversificados museus de grandes cidades, que costumam ter um abundante acervo de arte e história. Mas cuidado! – de tão fartos, podem ser tão excitantes quanto maçantes (para adultos e mais ainda para crianças). Tudo depende das alas selecionadas (porque é impossível ver tudo numa única visita) e do tempo de permanência no local. Entre esses gigantes, destacam-se o Louvre (Paris), o Museu Britânico (Londres), o Metropolitan Museum (Nova York), o Museu do Prado (Madri) e o Museu Real de Ontário (Toronto).

Castelos, palácios e fortalezas, como o Palácio Nacional da Pena (Sintra, Portugal), o Palácio de Versalhes (Versalhes, França) e a Torre de Londres (Inglaterra) podem ser bastante interessantes se já tiverem sido apresentados à criança de forma imaginativa. Qual garoto ou menina não vai curtir uma história de reis, princesas e até prisioneiros em calabouços?

Outras atrações legais que podem ser achadas em muitas cidades do mundo são os museus da criança (como os Children Museum, de Indianápolis – que tem um dinossauro na fachada –, de Boston e de Houston, os três nos Estados Unidos), os aquários (como o de Dubai, nos Emirados Árabes; o de Okinawa, no Japão, e o Oceanário de Lisboa), os planetários (como o de São Paulo, no Parque Ibirapuera; o de Buenos Aires, na Argentina, e o de Nova Déli, na Índia), os zoológicos (desde que com animais bem cuidados, como os de Nova York, de Berlim ou de Cingapura, este totalmente sem jaulas).

E ainda, numa cidade aqui, outra acolá, encontram-se museus temáticos – como museu dos brinquedos, museu dos bonecos, museu de fantoches – bem como atrações dedicadas a algum personagem famoso, como Harry Potter, Tintim, Sherlock Holmes, Turma da Mônica. E parques, praias, lagos, bibliotecas infantis... Enfim, atrações para os pequenos não faltam. Pode, no máximo, faltar a você, papai ou mamãe, conhecimento de quais são elas – ou, caso você as conheça, talvez falte saber como torná-las mais lúdicas e saborosas.

ESTUDANTES

Qualquer pessoa pode ser estudante no exterior (e mesmo no Brasil), independentemente da idade ou de ter terminado o ensino fundamental, superior ou o que for. Basta estudar um idioma estrangeiro. Mas, se você ainda está na universidade ou no ensino médio – ou deseja se especializar em alguma área – aí o leque abre ainda mais.

Curso de idiomas

Não há país que não ofereça o ensino de sua língua pátria para estrangeiros. Inglês e espanhol são, de modo geral, as línguas estrangeiras mais úteis em viagens e no mercado de trabalho, seguidas de alemão, francês, italiano, mandarim (chinês), japonês e russo. Pode ter certeza de que Nova York, Londres, Dublin, Sydney, Madri, Buenos Aires, Montevidéu, Berlim, Munique, Zurique, Paris, Montreal, Roma, Florença, Pequim, Tóquio e Moscou – além de inúmeras outras cidades – proporcionam dezenas de escolas de idiomas para estrangeiros. Você pode se matricular num curso desses pela internet, ainda no Brasil, ou diretamente, ao chegar lá.

Quer ousar? Então se informe sobre o estudo de línguas como tcheco, islandês, finlandês, árabe, hebraico... Utilidade sempre tem, e quem quiser se profissionalizar pode encontrar um bom mercado se souber, por exemplo, traduzir livros dos conterrâneos de Kafka diretamente do original.

Importante se ligar na questão do visto. De modo geral, não há problema em estudar um idioma tendo somente um visto de turista, contanto que você permaneça no país apenas pelo período que lhe foi concedido no visto (carimbado no seu passaporte), sempre como um turista – que aproveita para aprender a língua enquanto viaja. Mas, se você quiser um visto de estudante (que eventualmente pode conceder alguns benefícios, como permissão de trabalho em regime *part-time*), pode ser necessário solicitá-lo ainda no Brasil, antes de viajar, já previamente matriculado num curso, verifique isso.

Estudo acadêmico

Conseguir uma extensão acadêmica num país estrangeiro pode ser algo espetacular tanto para sua vida profissional como para sua vida pessoal. Quer tentar? Informe-se em sua universidade sobre programas de estudos no exterior ou consulte os sites dos programas de extensão concedidos pelo governo brasileiro, como o Ciência Sem Fronteiras (www.cienciasemfronteiras.gov.br), o Capes (www.capes.gov.br) e o CNPQ (www.cnpq.br), mais voltados para pós-graduação, mestrado e doutorado (as bolsas para o nível de graduação foram muito reduzidas nos últimos anos).

Um programa de bolsas respeitado é o Erasmus (www.erasmusmais.pt, que tem uma página desenvolvida por ex-alunos brasileiros: erasmusmundusnobrasil.webs.com), patrocinado pela União Europeia com o objetivo de promover o intercâmbio entre estudantes de todo o mundo.

Muitas universidades no exterior oferecem bolsas com apoio financeiro (incluindo passagem aérea, hospedagem e alimentação) para acadêmicos, profissionais e esportistas de projeção. Entre essas instituições, destacam-se a Universidade de Grenoble (França), a Universidade de Bolonha (Itália), a Universidade de Utrecht (Holanda), a Universidade de Auckland (Nova Zelândia). Para tentar uma bolsa dessas, você pode se inscrever direto nos sites das instituições, mas talvez tenha mais chances de sucesso através de universidades brasileiras, em programas de dupla-diplomação ou doutorado-sanduíche. Consulte sites especializados, como o www.estudarfora.org.br.

Outra parceria entre universidades ocorre no Programa de Bolsas Ibero-Americanas (www.santanderuniversidades.com.br/bolsas/paginas/bolsas-ibero-americanas.aspx), que, anualmente, promove o intercâmbio de estudantes de graduação entre universidades de 10 países da região Ibero-América (Argentina, Brasil, Chile, Colômbia, Espanha, México, Peru, Porto Rico, Portugal e Uruguai), oferecendo uma bolsa de estudos equivalente a 3 mil euros.

Intercâmbio escolar

Não há melhor forma de um adolescente amadurecer do que encarar um intercâmbio no exterior, no qual o jovem vive com outra família, aprende uma nova língua e conhece os costumes de outro país. Para planejar essa grande experiência, o ideal é entrar em contato com agências de viagem especializadas em intercâmbio e turismo estudantil, como STB (www.stb.com.br), Egali Intercâmbio (www.egali.com.br), Central de Intercâmbio (www.ci.com.br) e Australia Brasil (https://australiabrasil.com.br).

Cursos especializados

Já imaginou viver na Europa ou nos Estados Unidos estudando gastronomia ou cinema? Sim, é possível unir uma viagem a um hobby ou a uma atividade na qual você deseja aprimorar seus conhecimentos. Para isso, nada melhor do que pesquisar no que cada país é especialista. Caso culinária seja uma paixão sua, considere estudar em algumas das melhores escolas gastronômicas do mundo, como a famosíssima Le Cordon Bleu Paris (www.cordonbleu.edu/home/en) – tenha em conta, no entanto, que para ingressar nesse tipo de instituição é preciso certo "capital de investimento". Mas há, ainda na Europa, outras escolas, com preços mais acessíveis, onde é possível aprender a preparar especialidades, como a massa de pizza, na Itália; o pastel de nata, em Portugal; o apfelstrudel, na Alemanha. Outra alternativa interessante seria estudar na mencionada Le Cordon Bleu, num país mais próximo de nós, numa cidade sul-americana que tem se destacado na gastronomia: Lima, capital do Peru, que recebeu uma filial da escola em 2000.

Enquanto nos países europeus há muitas escolas famosas de gastronomia, nos Estados Unidos os cursos de arte e entretenimento são destaque. Em Nova York, por exemplo, é possível entrar no mundo da sétima arte – aprendendo a trabalhar em áreas da profissão que vão desde a atuação à produção

OS VIAJANTES **109**

executiva –, em locais como a New York Film Academy (www.nyfa.edu). Caso tenha interesse por fotografia e artes visuais, na Califórnia você deve encontrar um punhado de cursos renomados.

Há ainda os cursos mais acadêmicos, voltados para áreas como história, ciências, administração, que são realizados por universidades de diferentes partes do mundo durante o verão (são as conhecidas *summer schools* ou *courses*); os cursos, sobre os mais diversos temas, normalmente estão abertos para o público em geral. É possível, por exemplo, estudar arte europeia na Universidade de Utrecht, na Holanda (www.utrechtsummerschool.nl); relações internacionais em Seul, na Coreia do Sul (http://isc.korea.ac.kr), e novas formas de educação na Universidade de Auckland, na Nova Zelândia (www.auckland.ac.nz).

E as oportunidades seguem mundo afora! Por que não ter aulas de massagem na Tailândia? Ou de tecelagem no Irã? E que tal se aventurar numa classe sobre cerâmica na China? Ou sobre como preparar sushi, no Japão? Capoeira... na Bahia, Brasil?! Dessa forma, além de aprender com a viagem, é possível também conhecer melhor a cultura e os hábitos de cada país.

GAYS

O turismo LGBT no mundo não para de crescer. Lésbicas, gays, bissexuais, travestis, transexuais e transgêneros, com razão, não querem mais esconder sua orientação sexual ou identidade de gênero, optando por viajar para lugares abertos à diversidade, onde eles podem assumir quem são, longe do preconceito e da homofobia. Infelizmente, poucos lugares no mundo.

A tolerância das nações à diversidade sexual pode ser medida pelo reconhecimento legal, nesses lugares, do casamento (ou da união) entre pessoas do mesmo sexo. Na lista desses países temos, nas Américas: Brasil, Uruguai, Argentina, Colômbia, Chile, Equador, México, Estados Unidos, Canadá. Na Europa, basicamente todos os países da porção ocidental e escandinava. E nos demais continentes, Israel, África do Sul, Nova Zelândia e Austrália. (Veja o mapa na p. 114)

Mas isso não quer dizer que, nesses países, dois homens possam se beijar em lugares públicos sem sofrer preconceito algum. Tome por base o Brasil, onde, desde 2013, a união estável entre pessoas do mesmo sexo se tornou casamento civil, o que não impede que dois gays de mãos dadas sejam agredidos numa rua de São Paulo.

Nos Estados Unidos não é muito diferente: o casamento homoafetivo foi legalizado em todo o território, em 2015, por uma decisão da Suprema Corte — e a sentença foi empurrada goela abaixo em vários estados norte-americanos, onde o conservadorismo latente é uma raiz difícil de extrair.

Então, gays viajantes, tudo é uma questão de escolher os melhores destinos, principalmente se você não quiser ficar restrito a guetos de bares, boates e saunas, que existem em todas as cidades de médio e grande porte (inclusive em países homofóbicos, porém, nesses, os points gays geralmente encontram-se na clandestinidade).

No Brasil, os lugares mais abertos à comunidade LGBT são a Zona Sul do Rio de Janeiro, especialmente o bairro de Ipanema (o centro gay é o posto 9, na altura da rua Farme de Amoedo), e a região entre a Rua Augusta e a Frei Caneca, em São Paulo. Outras cidades, como Porto Alegre, Belo Horizonte e Brasília, também têm seus focos amigáveis. No entanto, apesar de termos algumas áreas de aceitação, é importante lembrar que o Brasil apresenta um vergonhoso índice: o de país com o maior número de homicídios de travestis e transexuais no mundo.

No exterior, merecem menção, nos Estados Unidos, as cidades de São Francisco, bairro Castro, local precursor do movimento gay (assista ao filme "Milk"); Palm Springs, mais moderna, ainda na Califórnia; Miami, repleta de baladas, incluindo as cidades próximas de Key West e Fort Lauderdale; e Nova York, Manhattan, especialmente o bairro de Greenwich Village (onde fica o histórico bar Stonewall Inn, palco da violenta repressão policial, em 1969, que deu origem aos movimentos gays no país). No Canadá, vale citar, onde há extensa programação para LGBTs, Montreal, que tem um bairro gay (The Village), Toronto e Vancouver.

Na Europa, há muitos lugares livres de preconceito: em Londres, uma metrópole que preza a diversidade, a região do Soho (em especial a rua Old Compton Street) é considerada o coração gay; em Amsterdã, organizou-se até um Gay Tourist Information Center (na rua Spuistraat 44); em Berlim, megaliberal (elegeu, inclusive, um prefeito assumidamente homossexual), entre os vários locais gays destaca-se o bairro Schöneberg; em Paris, no artístico bairro de Marais rola a Festa do Orgulho Gay; em Madri, o bairro de Chueca é uma instituição tomada por bares simpatizantes; em Mykonos – uma "ilha gay", situada num país conservador, a Grécia – praias *gay friendly* estão sempre repletas de jovens; em Copenhague, está ainda em funcionamento o bar gay mais antigo do mundo: o Centralhjornet, de 1917.

VOCÊ QUE COLOU NA ESCOLA

O PAÍS DINAMARQUÊS

A Europa (o centro e o norte, pelo menos) é a prova que é possível manter fé na humanidade quanto ao respeito à diversidade sexual. Antes de todos, os europeus conseguiram entender o óbvio: cada um transa com quem quer, casa com quem desejar e até escolhe o gênero no qual quer viver. E que se respeite a vida alheia. Entre todos os países progressistas, um merece destaque: a Dinamarca. Mais do que abrigar o bar gay mais antigo do mundo, o país foi o primeiro a reconhecer a união estável entre um casal do mesmo sexo, em 1989, e, ainda mais além na História, foi a nação pioneira, em 1930, na cirurgia de redesignação sexual – fato retratado no filme A Garota Dinamarquesa.

OS VIAJANTES **113**

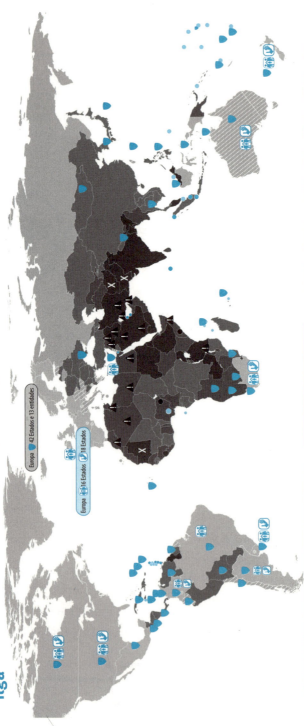

Na América do Sul, além de Rio e São Paulo, destacam-se como capitais menos preconceituosas Buenos Aires, onde em alguns lugares casais gays podem aprender a dançar tango, e Montevidéu, capital do Uruguai, país latino-americano mais avançado na questão de direitos homoafetivos.

Fora das Américas e da Europa, o continente mais avançado no que diz respeito à diversidade sexual é a Oceania, que se resume basicamente a Austrália, especialmente as cidades de Sydney e Melbourne, e a Nova Zelândia, cuja capital cultural – e gay – é Wellington. A África, infelizmente, é um atraso no que se refere à diversidade, e a África do Sul (a Cidade do Cabo em particular) é o único país em que LGBTs têm direitos reconhecidos. O Oriente Médio talvez ainda seja pior no conservadorismo retrógrado; Israel, com destaque a Tel-Aviv, é a grande exceção – é o único país da região onde os gays têm direitos e podem organizar uma passeata sem que sejam presos ou sofram qualquer sanção. Já na Ásia, a Tailândia e também Hong Kong (enclave na China com certa modernidade graças à recente colonização britânica), embora não sejam exatamente regiões liberais, contam com mais lugares gays que a média de países do continente.

Na extrema contramão das nações que respeitam a diversidade, 73 países (número elevadíssimo) criminalizam as relações homossexuais, a maioria na África e na Ásia (a Guiana é a vergonha da América do Sul). O cenário ainda pode ser pior, pois a punição pode chegar à pena de morte em 13 destes países: Arábia Saudita (morte por apedrejamento), Iêmen, Irã, Sudão (os quatro piores, que de fato aplicam a pena por todo o país – mais comumente entre os homens, já as mulheres são penalizadas com chibatadas), Nigéria, Somália (esses dois em algumas províncias – e no sul da Somália a morte é por apedrejamento), Afeganistão, Mauritânia, Paquistão, Qatar, Emirados Árabes Unidos (nesses cincos países, embora a lei preveja, não há registro de aplicação da pena nos últimos anos),

Iraque e Síria (nesses dois, em zonas de milícias ocupadas pelo Estado Islâmico). Nesta lista infame e medieval, devem ser incluídos as Maldivas (pena de chicotadas), Tanzânia, Serra Leoa e Uganda (os três com condenação à prisão perpétua).

Gays e simpatizantes, melhor viajar pelos países onde passeatas de Dia do Orgulho Gay acontecem como qualquer manifestação cultural e onde se encontram bares, restaurantes e até hotéis com a conhecida bandeirinha do arco-íris, significando que ali, seguramente, lésbicas, gays, bissexuais, transexuais e travestis são bem-vindos (locais conhecidos pelo termo em inglês, *gay friendly*). Quer saber mais da programação LGBT de algum país ou cidade? Grande parte das localidades do mundo não atrasado tem sites voltados à comunidade gay ou lésbica – basta dar um Google que você encontra.

HUMANITÁRIOS

Muitas ONGs oferecem trabalhos voluntários, vinculados a ações humanitárias, às quais, como colaborador, você pode se integrar. O turismo não é o foco, mas não deixa de ser uma forma, e das mais nobres, de conhecer países pobres e também continentes menos afortunados, como a África. Uma das ONGs mais conhecidas é a Médicos Sem Fronteiras (www.msf.org.br), presente em mais de 70 países, que, além de profissionais das áreas médicas, pode contratar outros, ligados a administração e comunicação. A organização recebeu o Prêmio Nobel da Paz em 1999.

Outras ONGs mundialmente conceituadas são a OXFAM (www. oxfam.org), confederação de 15 organizações que combatem a fome e a pobreza em mais de 90 países; a BRAC (www.brac.net), organização que luta contra a miséria em 11 países na África e na Ásia; a International Rescue Committee (www.rescue.org), programa que assiste refugiados, especialmente no Sudão do Sul, Nigéria, Somália, Yemen e Síria; a Care International (www.care.org), confederação que combate a pobreza global, na África, Ásia e América Latina, dedicado especialmente às mulheres; a Danish Refugee Council (www.drc.dk), Conselho Dinamarquês para Refugiados, que presta assistência, em 30 países, a refugiados e populações atingidas por conflitos.

Mesmo como voluntário, sem remuneração, pode não ser muito fácil integrar uma dessas ONGs (mas ajudá-las financeiramente sempre é possível). Uma alternativa são as agências de intercâmbio social, que podem cumprir um papel similar, propiciando que você viaje para realizar algum tipo de ação humanitária junto a comunidades carentes. É o caso da Exchange do Bem (http://exchangedobem.com), que oferece programas ligados a saúde, educação, esportes, empoderamento feminino e até a proteção aos animais. A AIESEC (www.aiesec.org.br), que conta com diversos escritórios espalhados pelo Brasil, também organiza essa modalidade de intercâmbio.

TURISTA ACIDENTAL
UMA EXPERIÊNCIA NO NEPAL,
POR EDUARDO MARIANO

As cinco semanas em que estive em um orfanato no interior do Nepal mudaram minha vida. Não é clichê, eu realmente mudei. De uma carreira em ascensão no setor financeiro, hoje trabalho com viagens e trabalhos voluntários ao redor do mundo. Com as crianças do orfanato, aprendi que novos talentos estão sendo desperdiçados simplesmente porque acabamos nos acostumando com a pobreza ao nosso redor. Achamos normal uma criança na rua pedindo dinheiro, sem ir à escola, e, muitas vezes, passando frio e fome, mas obviamente isso não está certo. Se queremos um futuro melhor, precisamos ajudar aqueles que serão os agentes da mudança em poucas décadas. O Nepal é um país lindo, com as pessoas mais hospitaleiras que já conheci e com uma cultura incrível, mas não é necessário ir tão longe para ajudar. O Brasil e o mundo estão cheios de crianças que necessitam de ajuda. Muitas vezes elas precisam apenas de amor, alguém para dar a mão para ir à escola ou alguém para dar o desenho que ela passou o dia pintando. Faltam palavras para eu descrever em detalhes a experiência que tive. Deixei o Nepal com um sentimento de missão cumprida, porém parte do meu coração ficou lá pra sempre. Beijos, abraços, músicas, danças, desenhos, faxinas, aulas, temas de casa, momentos de segurar o choro. Um mês sem usar talheres e sem eletricidade todo o tempo. Um mês que me ensinou a não desistir de um futuro melhor – isso tem que ser melhor.

Após essa viagem, Eduardo fundou a Exchange do Bem,
agência de intercâmbio social.

IDOSOS

Sabe aquele ícone que representa o idoso como um velhinho curvilíneo amparado por uma bengala? Não há nada mais ultrapassado do que isso! A partir dos 60 anos, um cidadão já é considerado idoso, o que não quer dizer falta de saúde ou necessidade de artefatos para andar. Muito provavelmente os programas de um cara de 60 não são diferentes dos de um cara de 50, 40, 30.

Talvez a partir dos 70 ou 80 anos de idade seja possível identificar hábitos distintos, que eventualmente impliquem algum direcionamento no plano de viagem. E nos 90 já faça mais sentido a figura do velhinho curvilíneo de bengala. Ou não. Não importa. Tendo saúde, todos podem – e devem – viajar. Por certo, quanto mais velho, menos disposição para caminhar bastante, subir muitos degraus ou encarar longos e cansativos trajetos.

Se a ideia for uma viagem mais cômoda, que não exija muitas caminhadas, o ideal é ter toda a programação previamente organizada, incluindo traslados aos hotéis e passeios definidos. Muitas cidades contam com city tours, em ônibus geralmente de dois andares, nos quais o turista se acomoda e, em duas ou três horas, passa pelos principais pontos turísticos, geralmente com a possibilidade de descer no meio do caminho, se assim desejar, e depois pegar um novo ônibus num horário posterior. Grande barbada para quem não quer caminhar muito ou deseja ter uma noção geral da cidade sem grande esforço.

Para encontrar outros pares, uma ótima pode ser ingressar numa dessas excursões que muitas operadoras de turismo organizam para grupos da chamada terceira idade. É uma boa oportunidade para senhores e senhoras, aproveitando as vantagens de uma viagem pensada para idosos, descolarem uma companhia.

O fato é que, cada vez mais, os idosos encontram a indústria do turismo atenta à importância desse segmento do mercado, ciente do aumento da expectativa de vida. O IBGE registrou, em 2016, o expressivo número de 23,5 milhões de pessoas com mais de 60 anos, o que é mais do que o dobro de 20 anos atrás. E, desses, 5,2 milhões navegam pela internet – definitivamente turistas em potencial.

Soma-se a esse interesse da indústria do turismo de terceira idade a criação de leis, que também têm beneficiado os mais velhos, especialmente no que se refere a viagens rodoviárias: o decreto nº 5.934, de 2006, prevê a pessoas idosas com renda de até dois salários mínimos o acesso gratuito – ou um desconto de pelo menos 50% no valor de passagem – a ônibus, trem ou barco de trajetos interestaduais. Com as devidas comprovações (idade e renda), é só chegar na empresa e solicitar, conforme previsto na referida lei, o "Bilhete de Viagem do Idoso", direito garantido no Estatuto do Idoso.

MOCHILEIROS

Em que difere um mochileiro de um turista tradicional? Em grana e independência, provavelmente. O dinheiro pode ser limitado, e há o desejo pela liberdade de fazer o que se quiser a hora que desejar – mas ainda assim, caro mochileiro, você é um turista, e isso não muda por levar a "mala" nas costas. De qualquer forma, o mochilão caracteriza um estilo de viagem que é quase um estilo de vida para viajantes – conhecer o máximo possível, dentro do seu próprio tempo, gastando o mínimo.

Isso não quer dizer "conhecer" 14 países em 10 dias. A questão tem a ver com a intensidade com que o viajante mergulha na cultura local (ao conversar com nativos, provar a gastronomia local, se misturar ao povo da região) e não com a quantidade de países por onde o viajante passa ou com uma coleção de vistos. Por certo, é uma viagem independente (não condicionada a um pacote fechado de excursão) na qual se está plenamente aberto a conhecer não apenas os habitantes, como também outros viajantes. Se você quer viajar assim, muito bem, você é um mochileiro. A mochila propriamente é apenas um acessório para guardar suas coisas – e tudo bem se a sua coluna vertebral preferir uma mala de rodinhas.

Mochilão é mais comum entre jovens ainda sem muita grana (considerando que não pediram ao papai um cartão de crédito sem limite para hotéis e restaurantes estrelados). Nesse contexto, entram os albergues, acomodação cujos quartos são compartilhados, o que torna esse tipo de hospedaria bem mais em conta do que um hotel. Também conhecidos como *hostel* (e "hostel" é mais chique né... pois chamando de "albergue" mamãe e titia podem achar que vamos dormir com mendigos) são bastante propícios para socializar com outros viajantes – mas é para deixar a timidez (e o celular) de lado e socializar mesmo!

Nas refeições (muitos hostels disponibilizam cozinha, o que facilita muito), nos passeios, nas saídas noturnas, nas viagens de uma cidade para outra, tudo é pensando no equilíbrio entre curtir, conhecer e economizar – e se manter nesse tripé é um excitante desafio ao mochileiro.

Você pode evidentemente viajar para qualquer lugar, mas algumas rotas são bastante populares entre os mochileiros – seja pelos custos de viagem mais acessíveis, seja pela boa oferta de serviços (para todos os bolsos), seja pelo universo de lugares espetaculares. No primeiro caso, enquadra-se a América do Sul; no segundo, a Europa; e, no terceiro, certamente encaixam-se as duas.

A América do Sul é o nosso continente, mas às vezes nos esquecemos disso – muitos sequer têm ideia da beleza e imponência da cordilheira dos Andes, tão próxima da gente. Países como Argentina, Uruguai, Chile, Bolívia, Peru, Colômbia estão ao lado do Brasil, todos (exceto Chile e Equador) a uma fronteira de distância; então, você pode alcançá-los até de ônibus ou com o próprio carro. Para a Bolívia, provavelmente o mais barato dos países sul-americanos, você pode até chegar de trem. Ou melhor, atravessa a fronteira a pé e pega o Trem da Morte (veja p. 199), um trajeto bastante popular entre os mochileiros da velha guarda.

Um mochilão pela Europa é outra experiência que não pode faltar no currículo de um bom viajante – trem é o mais bacana dos meios para percorrer o Velho Continente, mas não o mais barato. Espere alguma promoção de passagem aérea para lá, escolha alguns países e planeje como conhecê-los. França, Inglaterra, Espanha, Portugal, Itália, Holanda, Alemanha, República Tcheca – alguns deles devem passar pelo seu passaporte. Embora mais cara do que a América do Sul, a Europa, graças à sua boa infraestrutura – com inúmeros albergues acessíveis e várias atrações gratuitas – facilita a vida dos mochileiros.

Um terceiro continente popular entre mochileiros é a Ásia, principalmente a Índia e o Sudeste Asiático – Tailândia (o mais procurado de todos), Camboja, Vietnã, Indonésia. Pode não ser barato chegar até esses países, mas certamente é barato viajar por lá. Ainda assim, antes de mochilar para tão longe, sugiro

122 PARTIU!

começar pela América do Sul e, principalmente, pela Europa. No início do livro, na p. 23, sugiro destinos de mochilão para viajantes iniciantes, intermediários e avançados.

MULHERES

Hoje em dia vemos a mesma quantidade (talvez até mais) de mulheres viajando, em grupo ou sozinhas, que a de homens. Tirando a impossibilidade de adentrar alguns espaços religiosos, são poucas as restrições que uma mulher vai encontrar pelo mundo como turista – importante frisar o "como turista", pois a realidade que qualquer visitante tem ao passear por um país, seja homem ou mulher, pode ser bem diferente da vivida pela população em geral.

O que particulariza a experiência da mulher, comparando-a com a de um homem, são os detalhes: os olhares, os assédios e, principalmente – não tão detalhe assim –, a sensação de (in) segurança. Por isso, é sempre bom ter conhecimento prévio de como a sociedade do destino trata as mulheres viajantes e saber algumas noções de segurança pública. E só uma mulher pode abordar com propriedade esse assunto: então passo a bola deste tópico à viajante (já foi até a Ásia sozinha) e futura jornalista Iami Gerbase.

Estudo de 2016 da Women's Travel Center (IWTC) apontou os 10 melhores países para mulheres viajantes: 1, Islândia; 2, Dinamarca; 3, Nova Zelândia; 4, Áustria; 5, Suíça; 6, Holanda; 7, Finlândia; 8, Canadá; 9, Suécia; 10, Bélgica.

E os 10 piores: 1, Índia; 2, Egito; 3, México; 4, Brasil; 5, Honduras; 6, Quênia; 7, Colômbia; 8, Turquia; 9, Arábia Saudita; 10, Venezuela.

Sim, isso mesmo, o Brasil é o quarto pior país do planeta para mulheres viajantes, na frente até da Arábia Saudita (em nono lugar), onde as mulheres para dirigir ou viajar ao exterior precisam da autorização do pai, do marido ou de um "guardião homem". Isso aponta para dois fatos: a sociedade brasileira é extremamente machista, com altíssimos índices de estupros e agressões, e as mulheres no Brasil são, desde crianças, ensinadas a viver nessa sociedade, o que torna as viajantes brasileiras, infelizmente, pré--condicionadas a enfrentar muitos dos perigos lá fora.

Essa lista é baseada em relatos e índices, mas não pode ser vista de forma determinista, pois milhares de mulheres viajam sozinhas para esses países e, com certeza, muitas contariam ótimas experiências. Assim, não é o caso nem de levar experiências individuais como regra, nem de riscar esses destinos para uma viagem desacompanhada, mas de saber o que esperar e estar preparada.

Procure mulheres que já foram para o destino que você planeja visitar, pesquise na internet e busque notícias a respeito da qualidade de vida das mulheres no país. Acima de tudo, procure identificar onde você acredita que se sentirá confortável viajando sozinha, ou inicie sua jornada solitária por países mais progressistas nessas questões. E, se ainda assim você não se sentir à vontade, comece viajando na companhia de outras mulheres.

Tire os estereótipos da cabeça. Algumas vezes você pode se sentir mais confortável andando pelas ruas de um país muçulmano (desde que cumpra todas as regras de vestimenta, claro) do que pelas ruas da Itália, onde assédios verbais são bem comuns. Vagões especiais para mulheres, que existem nos metrôs de diversos países, do Brasil ao Japão, apontam para o nível absurdo a que o assédio sexual chegou nesses locais. Estupros são mais comuns em certas regiões do mundo, mas acontecem, desde que o mundo é mundo, em todos os lugares do planeta e em todas as classes sociais.

RÁPIDAS DICAS DE SEGURANÇA

Ande nas ruas sempre com bastante atenção.

Evite ruas desertas, especialmente à noite.

Caso o país seja pouco acolhedor às mulheres, ou você simplesmente não se sinta segura por lá, carregue consigo um spray de pimenta.

Não peça carona a desconhecidos, especialmente se estiver sozinha.

Se ficar em dormitório de hostel, pense em optar por quartos exclusivamente femininos; a maior sensação de segurança e a possibilidade de se trocar mais à vontade podem valer muito a pena.

Se ficar em um quarto de hostel/hotel sozinha, ou em qualquer outro tipo de acomodação, como Airbnb ou Couchsurfing, confira se há uma chave na porta do quarto e tranque-o antes de dormir. Caso os cômodos não tenham chave, e você se sinta insegura, procure colocar, na maçaneta, objetos que façam barulho ao abrir a porta – se alguém tentar entrar, uma simples sacola plástica pode fazer um barulhão!

Deixe sempre alguém, em algum lugar do mundo, sabendo onde você está, seja o nome do hotel, seja o endereço da casa/apartamento.

Acima de tudo, acredite na sua intuição. Se você está desconfiada de algum serviço de transporte, do cara dormindo na cama perto da sua, daquele caminho estranho que o guia insiste ser o melhor... pule fora! Talvez realmente não seja nada, mas confiar na intuição já tirou muita gente de muita roubada no mundo inteiro.

NÔMADES DIGITAIS

O sonho de muita gente: viajar e poder trabalhar em qualquer lugar do mundo, preferencialmente em algo que dê prazer ou esteja relacionado à sua formação profissional. Seguir esse estilo de vida, conhecido hoje como nomadismo digital, é bastante viável se você exerce uma atividade que permite trabalhar remotamente e se estiver minimamente abastecido de tecnologia (notebook e internet, ao menos).

Blogueiros profissionais, (web)designers, programadores, jornalistas, editores, fotógrafos, tradutores, revisores e ilustradores são alguns dos profissionais que podem executar suas atividades a distância. Problema pode ser se você ganha em reais, mas vive em um local onde a moeda é o euro ou a libra, que têm um peso de 3,5 ou 4 vezes o valor da moeda brasileira.

Destinos na Ásia, assim, são os preferidos dos nômades digitais, já que o maior continente do mundo abriga vários países, principalmente no sudeste do território, que têm um custo de vida bastante baixo e, portanto, acessível. Entre esses, desponta a Tailândia, um país barato, de ótima gastronomia, onde muitos falam inglês – e, além disso, um lugar repleto de praias espetaculares, bom para o nômade aproveitar nos momentos em que não estiver trabalhando.

Chiang Mai, no norte do país, não é praia, nem fica tão perto de uma, mas é um dos locais mais populares entre os nômades digitais, graças aos aluguéis de moradia acessíveis e à grande oferta de *coworking* – escritórios compartilhados, que podem ser pagos por dia.

E, se a cidade tailandesa não tem praia, oferece nos seus arredores uma privilegiada natureza – de montanhas, florestas, rios, cachoeiras, santuários de elefantes e dezenas de templos budistas. Não é de estranhar que, no Facebook, o grupo Chiang Mai Digital Nomads conte com mais de 22 mil membros. O cara trabalha, mas também sabe curtir a região onde "nomadeia".

RELIGIOSOS

As viagens para destinos místicos são comumente classificadas de "turismo religioso" – mas "jornada espiritual" me parece uma expressão mais adequada a esse tipo de roteiro. Trata-se das crenças de cada um que, de alguma forma, são expressas e potencializadas em caminhadas, frequentemente longos percursos onde a fé, ou apenas o desejo de superação, aflora em excepcionais cenários do mundo.

Na Europa

Talvez a peregrinação mais emblemática seja o **Caminho de Santiago de Compostela**, um desafiador trajeto cujo percurso mais popular, o Caminho Francês, começa na pitoresca vila de Saint-Jean-Pied-de-Port, na região conhecida como País Basco francês, atravessa as montanhas dos Pirineus, cruza boa parte do norte da Espanha (muitos iniciam por aqui também, em Roncesvalles, na região de Navarra, já na Espanha) e chega até Santiago de Compostela, mais exatamente na célebre catedral, onde se acredita estarem os restos do apóstolo Tiago. O caminho é longo, desde a vila francesa são aproximadamente 800 quilômetros, e os peregrinos costumam levar em torno de um mês para fazer o percurso, cada um no seu próprio ritmo – até porque, nesse tempo e trajeto, percorre-se uma média de mais de 25 quilômetros ao dia! Além dos andarilhos, há os peregrinos ciclistas, que cumprem de bicicleta a jornada (toda ou em parte); outros se aventuram também a cavalo (pelo menos por alguns trechos).

Depois de Santiago, os centros de peregrinação mais conhecidos na Europa são **Fátima**, em Portugal, e **Lourdes**, na

TURISTA ACIDENTAL
POR QUE FAZER O CAMINHO,

POR MÔNICA DE CURTIS BOEIRA

Fizemos, eu e meu marido, o Caminho Francês - aquele que vai de San-Jean-Pied-de-Port até Santiago de Compostela. Por que resolvemos fazer o Caminho? Por muitos motivos e por nenhum motivo: fizemos por uma associação de nosso gosto por caminhadas com nosso gosto por viagens com nosso gosto por lugares históricos com nossa vontade de curtir umas férias diferentes. Há uns dez anos, alguma reportagem nos chamara a atenção para o Caminho de Santiago. Achamos interessante a aventura e planejamos um dia fazer aquele percurso. Mas nenhum motivo específico, nenhuma busca específica nos levou até lá. Não vou resistir à tentação de recorrer ao clichê de que a gente descobre por que resolveu fazer o Caminho ao fazer o Caminho. Caminhando e caminhando. Parece-me que encontramos uma das grandes razões para realizar esse Caminho no paradoxo de sentirmos o corpo padecer quase ao limite e de ainda assim conseguirmos entusiasmo para seguir. Assim, quando reage à nossa própria propensão a desistir e segue em frente, nosso corpo nos mostra uma força que temos e que não sabíamos ter. É então que sentimos que podemos seguir, comandados pelo corpo; é então que nossa mente se desocupa e nos induz à introspecção. E é nessa interiorização a que, dia a dia, os desafios do Caminho nos convidam que encontramos talvez uma das respostas à questão sobre o que nos leva a fazer o Caminho – sim, uma das repostas, porque certamente muitas outras razões devem explicar nossa passagem por esse Caminho cheio de encantos.

França. Essas duas cidades têm um apelo religioso mais forte do que Santiago: enquanto a cidade espanhola atrai peregrinos que buscam um desafio físico, mental e espiritual, Fátima e Lourdes são populares entre romeiros que tencionam pagar promessas, graças alcançadas ou pedir por milagres. A primeira é bastante procurada por brasileiros, devotos da Virgem que, em 1917, teria aparecido em diferentes ocasiões a três crianças portuguesas: Lúcia e seus primos Francisco e Jacinta. Os dias 12 e 13 dos meses de maio a outubro são os mais concorridos entre os fiéis, pois marcam os aniversários das aparições. Já em Lourdes, a aparição foi a uma jovem menina, Bernadette, em 1858.

Não exatamente um centro de peregrinação – mas certamente bastante querido aos católicos (praticantes ou não), a turistas de todas as religiões e até mesmo aos ateus – é o **Vaticano**, um estado soberano incrustado em Roma, na Itália. O coração do lugar é a Basílica de São Pedro, construída sobre o suposto túmulo do apóstolo Pedro; de uma de suas janelas, o Papa aparece para abençoar os fiéis. O local também sedia o Museu do Vaticano, onde tesouros papais e suntuosas coleções de arte podem fazê-lo questionar os dogmas de partilha e generosidade apregoados pela Igreja Católica.

Se a devoção à humildade fizer mais a sua cabeça, vale saber que a menos de 200 quilômetros do Vaticano, na região italiana de Úmbria, encontra-se a cidade de **Assis**, popular entre fiéis por ser a terra natal de Francisco, ou São Francisco de Assis, frade adepto à frugalidade e a uma vida sem posses materiais. Canonizado em 1228, tornou-se um dos santos mais queridos da Igreja Católica, inspirando até mesmo o atual papa, o argentino Jorge Mario Bergoglio – não por coincidência, chamado de Papa Francisco. Assis também atrai viajantes por suas ruas estreitas e casas antigas, além da basílica, que, como não poderia deixar de ser, chama a atenção pela simplicidade.

Na Ásia

No continente asiático, de modo geral, as peregrinações são ligadas ao budismo e ao hinduísmo – duas das principais religiões do continente –, especialmente ao sul e leste do continente. No Japão, Shikoku O-Henro, ou Peregrinação de Shikoku, é uma espécie de Caminho de Santiago nipônico. Também conhecido como Rota dos 88 Templos, já que passa por esse número de templos budistas, o percurso todo tem um total de 1.200 quilômetros. Percebe-se o caminho, em **Shikoku**, a menor das quatro principais ilhas que formam o país, pelos trajes dos fiéis, que andam de roupas brancas e chapéus de palha e com bastões na mão. Outra peregrinação popular no Japão é a de **Kumano Kodo**, ou Caminho de Kumano, que atravessa as montanhas de Kii Hanto para chegar aos três templos de Kumano, no sul do país.

No Tibete – ou na China, que tomou posse dessa região –, **Lhasa** guarda o Palácio de Potala, casa dos Dalai Lamas (embora o atual viva no exílio), e por isso tornou-se um local sagrado para os fiéis do budismo tibetano, que peregrinam para orar junto a esse impressionante castelo-mosteiro construído no topo de uma montanha. Outro local considerado sagrado no Tibete é o **Monte Kailash**, já que as águas do seu degelo servem de nascente a vários rios considerados igualmente sagrados.

Um desses rios é o Ganges, cujas águas turvas atravessam a Índia e vão a Bangladesh, ao leste. A cidade indiana de **Varanasi**, às suas margens, é considerada a mais sagrada do hinduísmo. Vários rituais religiosos acontecem junto ou dentro do rio – embora seja bastante poluído –, motivando a peregrinação de milhares de fiéis hindus até aqui. Outra importante celebração é o ritual de cremação dos mortos junto ao Ganges (que contribui para a forte contaminação das águas). Dependendo da casta (o arcaico sistema de divisão social na Índia), a família do morto

OS VIAJANTES **131**

pode não ter dinheiro para a cremação, e simplesmente joga o corpo no rio. Já estive em Varanasi e passeei de barco pelo Ganges (realmente não aconselho ninguém a mergulhar ali), e ver a população se banhando, lavando roupa, defecando e bebendo a água foi algo muito chocante; ao mesmo tempo, a beleza natural e genuína do cenário, composto pelas escadarias, casas e templos hindus às margens do rio e, claro, pela crença das pessoas (talvez maior do que a pobreza em que vivem) é uma cena inquestionavelmente fascinante.

No Oriente Médio (e sudoeste da Ásia), **Meca**, na Arábia Saudita, é o local mais sagrado do islamismo; todo muçulmano homem deve, ao menos uma vez na vida, visitá-la – preferencialmente na peregrinação anual de Hajj – e orar ou realizar rituais junto à Mesquita Sagrada. Mas, atenção, o local é restrito apenas a muçulmanos.

Outra importante religião, o judaísmo, tem como lugar sagrado a cidade de Jerusalém, em Israel, mais exatamente o **Muro das Lamentações**, muro que restou do Templo de Jerusalém, que, por sua vez, remonta ao mais antigo Templo de Salomão, no século X a.C. (derrubado pelos babilônicos 400 anos depois). Embora seja local de peregrinação de judeus de todo o mundo, que introduzem papeizinhos com pedidos entre as fendas das pedras (alguns jovens ali celebram seu Bar-Mitzva, cerimônia judaica que se realiza no 13º aniversário dos meninos), o Muro é acessível a todos, de todas as religiões (os homens devem apenas pôr uma *kipá* na cabeça, solidéu que fica disponível na entrada), inclusive para mulheres, uma conquista dos judeus progressistas, em 2016 (já que no passado só homens podiam chegar até o Muro).

Outras religiões também têm em Israel lugares santos de grande relevância. Os muçulmanos apresentam a **Cúpula da Rocha**, mesquita em Jerusalém, como o seu terceiro local mais sagrado (o segundo é a mesquita de Medina, que guarda o túmulo de Maomé, na Arábia Saudita). Os católicos, a **Igreja da Natividade**, em Belém, território palestino, por ser o local de nascimento de Jesus Cristo. Importantes referências cristãs também são a **Via Crucis**, o suposto caminho feito por Jesus enquanto carregava a cruz, e, na Cidade Velha, em Jerusalém, o **Santo Sepulcro**, a basílica onde Jesus teria sido crucificado, sepultado e onde teria posteriormente ressuscitado.

No Brasil

Também temos as nossas procissões. A maior (estima-se que receba mais de 12 milhões de pessoas ao ano) é aquela que leva ao **Santuário de Nossa Senhora Aparecida**, em Aparecida do Norte (a 170 km da capital paulista), assim denominada em homenagem à santa padroeira do Brasil. A rota mais utilizada é a Via Dutra, infelizmente nada adequada às caminhadas – os fiéis, muitos deles carregando uma cruz, seguem pelo acostamento da movimentada rodovia. Mais segura, a Rota da Luz passa por caminhos alternativos, incluindo 9 municípios (começa em Mogi das Cruzes, na Grande São Paulo, e termina em Aparecida), totalizando 194 quilômetros.

Outros destinos religiosos no Brasil são **Juazeiro do Norte**, no Ceará, que homenageia o Padre Cícero Romão Batista, popularmente "Padim Ciço", religioso que foi também um carismático líder político e social, atuando junto ao povo – o que lhe garantiu uma estátua de 27 metros (umas das maiores estátuas de concreto do mundo); **Nova Trento**, em Santa Catarina, cidade onde viveu a Madre Paulina, que, por seu trabalho de assistência social e cura de enfermos, foi beatificada em 1991 e canonizada em 2002, tornando-se a primeira santa brasileira. Também motivam peregrinações eventos como a **Festa de**

PAPO VIAJANTE
FÉ NA CAMINHADA: A TRILHA INCA

Entre tantas peregrinações, algumas mais, outras menos ou nada religiosas, não posso deixar de destacar a Trilha Inca, no Peru, caminhada de 2 a 5 dias, em torno de 40 quilômetros, que leva a uma das grandes atrações do planeta: a cidade perdida de Machu Picchu. O percurso pode mudar um pouco, assim como o ponto de partida, mas não o de chegada, que oferece como prêmio aos andarilhos, místicos ou não, a ampla visão da antiga civilização inca, em meio à verdejante Cordilheira dos Andes. Todo o trekking segue nas alturas, a mais de 3 mil metros de altitude (o que pede uma aclimatação antes de encarar a aventura), e passa por ruínas incas e belas paisagens. Pode-se chegar a Machu Picchu de trem (na verdade, até a vila local, e de lá, toma-se um ônibus especial até a grande atração), mas nada se compara à emoção de caminhar sobre as montanhas, numa atmosfera de história e magia, até se deparar com esse lugar arrebatador.

Círio de Nazaré, em Belém do Pará, que remonta a milagres de Nossa Senhora de Nazaré; e a **Paixão de Cristo**, em Jerusalém, Pernambuco, espetáculo teatral ao ar livre que encena, em pleno agreste pernambucano, um pouco antes da Páscoa, a crucificação de Jesus.

TRABALHADORES TEMPORÁRIOS

Exercer alguma atividade nos Estados Unidos ou na Europa, ganhando em dólares, euros ou libras, é o sonho de muitos. Um brasileiro com um passaporte unicamente brasileiro, no entanto, sem nenhum visto especial, não pode trabalhar por lá. Fim de papo. Quer tentar? OK, aí depende de você conseguir um trampo, o que não é fácil, e de trabalhar ilegalmente – o que é nada bom, já que se vive o risco diário de prisão e posterior deportação.

Na América do Sul, graças a acordos do Mercosul e dos países parceiros, é bem menos problemático, no aspecto legal, conseguir trabalho, um trâmite que deve começar com um pedido de residência. Mas na real, se o objetivo for exclusivamente financeiro, não há por que se mudar e procurar emprego na Argentina, Bolívia, Chile, Colômbia, Equador, Paraguai, Peru, Uruguai ou Venezuela em vez de batalhar no Brasil.

Nos Estados Unidos ou na Europa, para tentar um trabalho legalizado, é necessário, respectivamente, o famigerado *green card* ou um *work permit*. Quem tem um passaporte italiano, português, alemão ou de outra nação da União Europeia não tem problema para trabalhar na própria União Europeia (27 países, já considerando a saída do Reino Unido).

OS VIAJANTES **135**

O visto de estudante pode facilitar, já que, dependendo do país, permite ao estudante trabalhar meio expediente, em torno de 20 horas por semana, enquanto realiza seu curso. E, durante as férias, pode até dobrar a carga horária, ou, como na Austrália, horas ilimitadas, inclusive depois de já acabado o curso.

Um país europeu de língua inglesa bastante procurado hoje por brasileiros é a Irlanda, e não só pelo astral dos seus pubs ou pela bem-vinda onipresença da cerveja Guinness, mas também por sua postura favorável aos estrangeiros em relação a estudos e trabalho. Um estudante matriculado num curso *full time* de pelo menos 25 semanas pode conseguir um visto de 8 meses, com permissão de trabalho de 20 horas, ou 40 horas nas férias. O salário mínimo no país é de 8,65 euros a hora (em torno de 30 reais, dependendo do câmbio), e as atividades em que é mais fácil descolar um trampo costumam ser as de garçom, cozinheiro (ou ajudante de cozinha), barman, babá, pedreiro, camareiro, recepcionista de hotel.

Tais atividades são comumente chamadas de "subemprego" – embora sejam trabalhos como qualquer outro. Muitos viajantes – ou já tentando se fixar numa cidade estrangeira –, necessitando de trabalho, frequentemente saem batendo na porta de hotéis, bares e restaurantes à procura de vagas como essas. Mas é possível já sair do Brasil com uma ocupação previamente acertada. Entre as mencionadas, provavelmente a de babá (*au pair*, como costuma ser denominado) é a mais fácil de conseguir, especialmente para as meninas, através de agências de intercâmbio no Brasil.

Mas o cardápio de empregos pode ser bem mais diversificado e criativo, principalmente se for um trabalho temporário, por um período de tempo já definido, num lugar específico. Algum dos locais onde você pode considerar:

NAVIOS: O sonho de viajar trabalhando – ou literalmente trabalhar viajando – pode se concretizar numa gigantesca embarcação. A maioria das empresas de cruzeiros procura por pessoas com conhecimento de idiomas e as mais diversas qualificações, já que as equipes são enormes para dar conta do tamanho dos navios e do número de passageiros. Assim, não é muito difícil conseguir esse tipo de trabalho. As vagas oferecidas contemplam desde áreas comuns, como bar, limpeza e cozinha, até áreas inusitadas, como fotografia, entretenimento e iluminação. Sites como Infinity Brazil (www.infinitybrazil.com.br) e Portside (www.portsideagencia.com.br) organizam inscrições para diversas empresas de cruzeiros. Mas não se engane: é possível conhecer o mundo trabalhando em navios, porém o trabalho é árduo e intenso.

PARQUES DA DISNEY: Se você é estudante universitário e sempre sonhou viver certa fantasia, pode se inscrever para trabalhar na Disney – mas, antes que você se iluda, não é para ser uma das princesas ou algum dos príncipes dos shows. O mais comum são trabalhos na recepção de turistas, em lojas de suvenir, nas próprias filas dos brinquedos e até auxiliando os atores (que podem ser o príncipe/a princesa, cheio de belezura, que você tanto queria ser, ou uma pobre pessoa suando dentro de uma fantasia de Pato Donald). Agências como a STB (www.stb.com.br) podem ajudar você a trabalhar onde "dreams come true", ou você pode tentar diretamente pelo site da Disney International Programs (http://ip.disneycareers.com/en/default).

ESTAÇÕES DE ESQUI: Nunca foi fã de Mickey e Pateta? Tudo bem, há salvação para quem prefere montanhas reais a castelos fictícios. Um trabalho diferenciado para universitários (seja de graduação ou pós) é oferecido nas estações de esqui pelo mundo, principalmente na Europa e nos Estados Unidos. Agências como a Intercultural (http://intercultural.com.br/trabalhar-no-exteriordestinos-de-inverno) e a Central de Intercâmbio (www.ci.com.br) organizam esse tipo de trabalho, que requer um visto especial.

ALBERGUES E FAZENDAS: Se o que você quer mesmo é viajar – e descolar algum trabalho para ao menos pagar a estadia, sem se importar tanto com a remuneração, já for suficiente –, considere trabalhar em hostels, onde você ganha comida e hospedagem em troca de serviços como varrer e arrumar quartos. Sites como Workaway (www.workaway.info) e Worldpackers (www.worldpackers.com) podem ajudar. Prefere o campo a cidades? O Wwoof (http://wwoof.net) e Helpx (www.helpx.net) oferecem parcerias com pequenas fazendas e produtores orgânicos em diversas regiões.

TRAVEL WRITERS

Para muitos viajantes (e eu me incluo nesse grupo), mais bacana do que "apenas" viajar é viajar e escrever sobre suas andanças. Vale escrever para blog, para revista, para guia de viagens, quem sabe compor uma narrativa de viagem. Essencial em todos esses textos, além de um mínimo de clareza na escrita, é um olhar aguçado sobre a viagem, uma percepção mais apurada do que a de um turista despreocupado.

O destino pouco importa. O fundamental é que o "escritor de viagens" – ou *travel writer*, em inglês, como prefiro, pois acho que "escritor" confere muita responsabilidade à atividade – tenha um conteúdo cativante, que não sejam apenas relatos de bons momentos em lugares agradáveis (ou fotos em cartões-postais). Esse conteúdo pode ser a história de uma intrigante jornada de

PAPO VIAJANTE
VIAJANTES SOLITÁRIOS

Está preocupado(a) que vai viajar sozinho(a)? Pois se você gosta de escrever e planeja se atrever num diário de bordo, saiba que está muito bem acompanhado(a): de você mesmo(a) – e de quem mais aparecer na sua rota. Bloco de papel e caneta (OK, pode ser notebook, tablet ou outro aparato moderno) são os melhores parceiros para quem deseja escrever sobre a viagem. Um(a) namorado(a), marido, esposa, amigo(a) pode ser boa companhia, mas também uma divertida dispersão para o viajante que pretende focar na própria jornada, em todos os seus detalhes: na paisagem, nos ambientes, nos personagens que encontra pelo caminho (e interagir com esses personagens). Atestam travel writers como Paul Theroux (O Grande Bazar Ferroviário), Bruce Chatwin (Na Patagônia), Amyr Klink (Cem Dias entre o Céu e o Mar), Fábio Zanini (Pé na África), Klester Cavalcanti (Dias de Inferno na Síria) e até mesmo esse que escreve estas linhas, Zizo Asnis, autor de guias de viagem (Guias O Viajante) – todos efetivamente viajantes solitários em suas aventuras que renderam bons relatos e livros de viagem.

trem, a reflexão inovadora sobre uma cidade badalada, a descrição apurada de uma reserva pouco turística, a indicação certeira de um restaurante não muito conhecido. Por certo, para um relato divertido ou uma dica quente – sobre algo que você descobriu numa viagem – sempre haverá um público-leitor interessado.

Redigir uma matéria para uma revista ou colaborar num guia de viagens talvez seja algo que, para ser efetivado, dependa de terceiros – mas escrever num blog (que pode ser facilmente criado em plataformas de blogs) ou mesmo se arriscar num livro (que pode ser publicado pelo próprio autor, tanto no formato impresso como no digital) são desafios que dependem unicamente da própria pessoa, ou, no caso, do viajante. Basta viajar, escrever – e entre essas duas ações, ter boas experiências para compartilhar.

4 TRANS-PORTES

4 TRANSPORTES

PARTIR, COM QUE MEIO?

AVIÃO

O já saudoso Belchior cantava sobre o medo de avião; na verdade, era só uma desculpa para segurar pela primeira vez na mão da moça – até porque hoje em dia não há motivos para ter medo desse que, de fato, é o meio de transporte mais seguro do mundo (o número de acidentes, considerando o número de voos que há por todo o planeta, é estatisticamente baixíssimo). Entretanto, você pode ter medo sim: o medo de perder o avião, já que não raramente deslizes tolos podem provocar atrasos ou imprevistos que obrigarão você a remarcar um voo – e, pior, ainda pagar por isso.

Chegada ao aeroporto

Já com a passagem aérea adquirida (leia sobre a compra da passagem na p. 68), programe sua ida ao aeroporto – o transporte para chegar até lá, o tempo de deslocamento. Importante ter certeza sobre qual o aeroporto, já que várias grandes cidades são servidas por mais de um (Londres, por exemplo, tem seis!).

E, depois, saber qual o terminal, considerando que existe mais de um – e que as distâncias entre eles podem ser bem razoáveis. Muitos aeroportos contam com transportes internos ou externos gratuitos conectando os terminais; outros não dispõem desses serviços, e você, provavelmente, precisará pagar por um ônibus ou metrô para ir de um terminal a outro.

A passagem aérea deve informar (quase) tudo – além do nome do passageiro e a companhia aérea, o aeroporto, o voo, o dia e horário de saída (e às vezes o de chegada), a hora de embarque, o número do assento (se houve a possibilidade de reservar durante a compra; às vezes tem que pagar por isso), o número do localizador (um código interno de identificação das companhias). O terminal nem sempre é informado, não deixe para descobrir na hora.

Note que cada aeroporto costuma ser identificado por 3 letras maiúsculas – que constituem códigos universais. Por exemplo: o de Congonhas, de São Paulo: CGH; o do aeroporto internacional de SP, situado em Guarulhos: GRU; o do Santos Dumont, no Rio de Janeiro: SDU; o do Galeão, aeroporto internacional carioca: GIG; o do Charles De Gaulle, principal aeroporto de Paris: CDG; o de Zaragoza, na Espanha: ZAZ... e por aí vai. Quer brincar de "sopa de letrinha de aeroporto"? Acesse airportcod.es.

Confira todos os dados assim que comprar e receber a passagem e, novamente, na véspera da viagem.

Em voos nacionais, por passagem entenda-se o bilhete eletrônico (enviado para o seu e-mail ou celular) que você recebe ao fazer o check-in on-line, antecipadamente – e vale muito a pena fazer isso, seja pelo computador, seja pelo celular. Se você não tiver bagagem para despachar, com o "cartão de embarque" baixado no seu celular (mostrando o código QR), pode ir direto para o embarque; caso tenha alguma mala, precisa primeiro despachar a bagagem.

Em voos internacionais, costuma ser necessário (e aconselhável) se dirigir ao check-in da companhia aérea antes do embarque, independentemente de ter ou não bagagem para despachar ou de já ter feito ou não o check-in antecipadamente. No check-in presencial, o atendente da companhia irá conferir a sua passagem e também o seu passaporte, certificando-se de que você tem o visto do país para onde vai (ou onde fará conexão), caso isso seja necessário. Não bobeie, não deixe para descobrir no aeroporto que você precisava de um visto (mesmo um visto de trânsito, para a conexão) – isso irá fazê-lo perder o voo e talvez toda a viagem! (Para vistos, ver p. 92).

(Se você é um viajante virgem, *check-in* é o momento em que você se apresenta na companhia aérea, mostra seus documentos para a conferência de dados e, assim, confirma que irá embarcar no voo. O *check-in* pode ser feito presencial ou digitalmente; o termo também é utilizado para denominar o momento em que um hóspede se registra num hotel).

As companhias aéreas pedem que, para os voos nacionais, você chegue ao aeroporto 1 hora antes do horário e, para os voos internacionais, 3 horas antes. Preveja aí mais o tempo para chegar até o aeroporto, considerando o trânsito local; o tempo para encontrar a área de check-in da companhia; o tempo para caminhar pelo aeroporto, ainda mais se este for grande... e bote mais uma folga de tempo aí, para evitar imprevistos.

Precisa mesmo tanto tempo? Sim. Em voos nacionais, com check-in on-line realizado e sem bagagem, você até pode chegar uns 40 minutos antes e ir direto ao embarque (torcendo para que não haja fila para passar pela máquina de raios X). O importante é sempre estar lá dentro, junto ao *finger* (o corredor que leva ao avião) ou ao portão de embarque do seu voo na hora que consta como o horário de embarque (ainda que para embarcar todo mundo leve alguns minutos ou nem sempre comece na hora). Para isso, é bom chegar no aeroporto com, pelo menos, essa 1 hora de antecedência mesmo.

Já nos voos internacionais, chegue com folga, pois até o embarque pode haver um pequeno périplo – que pode começar já na fila do check-in. Normalmente, no Brasil, antes de "fecharem um voo" (quando ninguém mais poderá fazer check-in), alguém da companhia aérea pergunta se há algum passageiro na fila para aquele voo, e, caso algum retardatário se apresente, é autorizado a "furar a fila" e ir direto para o check-in. Mas em voos internacionais não é sempre assim – principalmente fora do Brasil.

Lembro-me de um episódio pelo qual passei em Londres. Eu havia chegado de manhã bem cedo no aeroporto de Luton (já tinha levado um tempo até chegar lá), nos arredores da capital britânica, para voar com a *low budget* Ryanair (mais adiante falarei dessas companhias baratas), rumo a Amsterdã, e aguardava na fila (que era enorme) do check-in. Tinha essa ideia de que antes de fecharem o voo avisariam os passageiros na fila, como no Brasil. Não avisaram. Quando chegou a minha vez de ser atendido, descobri que, embora houvesse ainda em torno de 40 minutos para o embarque, dois minutos antes o check-in fora encerrado, sem qualquer alerta. Simples assim. E não me dariam outra passagem. Perdi o voo e, se quisesse, deveria comprar outro bilhete, que só havia para o dia seguinte. (Cheguei no dia seguinte, sim – mas fui à noite, de ônibus! Falo o porquê no tópico dos "Ônibus", p. 176).

Além de assegurar a realização do check-in, quem chega cedo tem mais chances de escolher lugar (caso não tenha feito isso ainda, na compra da passagem ou no check-in on-line) ou de trocar de assento – especialmente se duas ou três pessoas desejam ficar juntas, caso não tenham conseguido reservar assim antes, ou mesmo, simplesmente, se alguém quer tentar sentar junto à janela ou ao corredor. Se você for embarcar com uma mala de cabine e o voo parecer cheio, convém não apenas chegar cedo, mas também embarcar cedo – isto é, entrar logo no avião. Com a nova regra da cobrança de bagagem despachada, mais passageiros começaram a levar sua mala para dentro da aeronave, e não é nada raro ver os últimos que entraram no avião não encontrarem espaço para a sua malinha.

Antecipar o embarque

Outra vantagem de chegar cedo ao aeroporto – neste caso, bem cedo mesmo – é a possibilidade de antecipar o voo, mas essa antecipação rola basicamente com as companhias aéreas brasileiras (lá fora, a maioria das aeroviárias não permite isso). Você pode tentar antecipar na sua casa ou em qualquer outro lugar pelo site ou pelo aplicativo da companhia aérea; caso não ache um novo voo disponível (mas sabendo que existe um voo anterior), tente no aeroporto. Essa facilidade só vale para antecipação, no mesmo trajeto, de até 6 horas no mesmo dia. Trocar o aeroporto de destino na mesma cidade até é possível em algumas companhias (Latam sim, Gol não); por exemplo, um viajante que tenha passagem para o voo Porto Alegre – São Paulo/ Guarulhos que sai às 10h, pode antecipar a viagem para o voo Porto Alegre – São Paulo/Congonhas que sai às 8h.

Se não conseguiu antecipar no check-in, ou veio de uma conexão (quando já está na parte interna do aeroporto), você pode tentar antecipar dentro da própria área de embarque, junto ao *finger* ou ao portão de embarque (e deve conseguir se houver lugares sobrando); importante é avisar o atendente da companhia aérea que estiver ali sobre o seu interesse. Na ponte aérea Rio–

São Paulo, em que há voos da mesma companhia a cada meia hora, isso é extremamente comum. Dá até para burlar a regrinha das seis horas e partir bem antes. Mas atenção: tentar antecipar voo quando você está dentro da área de embarque só se você estiver sem bagagem despachada; caso contrário, você irá chegar antes de sua mala, que só irá mostrar as caras na esteira do aeroporto no horário de chegada do voo original.

Despacho de bagagem

Tem bagagem para despachar? Atenção para as novas regras e para o peso permitido. Desde junho de 2017, as companhias aéreas brasileiras passaram a cobrar pela bagagem despachada em voos domésticos que, por volume de até de 23 kg, custa entre R$ 30 e R$ 50, conforme a companhia aérea, se comprado junto com a passagem ou horas antes do voo (se pago no aeroporto, no momento do check-in, pode ter uma cobrança extra). Tarifas mais caras já incluem esses valores. O único ponto favorável dessas mudanças foi o aumento de peso permitido para a bagagem de cabine, aquela que vai com você para dentro do avião, que antes era de 5 kg e agora passa a ser de 10 kg – se quiser viajar com a passagem mais barata sem pagar o adicional da bagagem, viaje com uma mala pequena ou mochilinha que não extrapole esse peso. Mais um pequeno volume extra, como uma bolsa, deve ser aceito como bagagem de mão. A cobrança de franquia de bagagem não surgiu no Brasil: a maioria das companhias aéreas de baixo custo mundo afora cobra por esse serviço. A grande diferença é que essas empresas costumam oferecer passagens realmente baratas, o que até o momento não se viu com Latam, Gol, Azul e Avianca.

Em voos internacionais, a cobrança de bagagem despachada é menos comum do que nos voos domésticos; a maioria das companhias permite que se despache um volume de até 23 kg

– algumas podem aumentar o peso para 32 kg e estender para dois volumes, ou cobrar por qualquer volume de qualquer peso (como a Gol). Não se descuide também das dimensões de cada mala (veja p. 66). Importante mesmo é conferir as regras de tarifa de cada companhia.

Pagar adicionalmente por volume a despachar ou ter isso incluído na sua franquia de bagagem não o exime de não ultrapassar o peso de bagagem permitido. Caso ultrapasse o limite estabelecido pela companhia, a multa pelo excesso pode ser bastante alta (e cobrada na hora), especialmente em voos internacionais, a verificar com cada empresa. Já vi vários viajantes jogarem fora itens de sua mala, no próprio aeroporto, para não pagar o peso extra ou para ao menos minimizar os custos adicionais.

VOCÊ QUE COLOU NA ESCOLA

Na aviação, a distância é medida por milhas, e não por quilômetros.

A SABER: 1 MILHA = 1,6 KM

Também é importante lembrar que os pesos não são transferíveis. Ou seja, se num voo nacional você tem uma mala de 30 kg, e seu namorado, uma de 10 kg, isso pouco importa (mesmo que façam o check-in juntos): você não pode transferir o peso excedente de sua mala para a mala de seu namorado, considerando que cada bagagem despachada não pode extrapolar 23 kg (mas pode sim transferir roupas para a mala dele, a fim de equilibrar os pesos).

E atenção tar   ʾm de mão. Num voo dentro da Europa, eu já tive   inger, na hora de entrar no avião, de pesar minha   mão (e foi uma surpresa ter de fazer isso após t   ) check-in), e, como excedeu em 2 kg, me vi obriga   Je dois livros de capa dura, porque o valor da mult   ne cobrar era bem mais alto do que o que paguei   ivros de Hitchcock e Kubrick). Isso ocorreu num   ʷ cost, que tem regras bem severas. Comento log   ʂas companhias. Também já vi muitos viajantes, a   ʂo, vestirem na hora duas calças, três camisas, dois   ʂasaco... Tá valendo, mas cuidado para literalmente não passar sufoco.

Regra padrão para todas as companhias é a proibição de portar, na bagagem de mão, objetos cortantes, como facas, canivetes, tesouras de unhas (se não for pontiagudo até podem liberar), e, em qualquer bagagem, objetos inflamáveis ou explosivos.

Do check-in ao embarque

Feito o check-in – em voos nacionais nas máquinas automáticas do aeroporto ou no seu celular/computador, ou em voos internacionais com o atendente da companhia aérea –, você deve ganhar o cartão de embarque, impresso ou no celular, com um

TRANSPORTES **149**

código de barras, ou código QR, que lhe dará acesso à área de embarque. No cartão de embarque, também constará o número do voo, o portão de acesso, a hora de embarque, além do seu nome e número do assento.

Nos painéis eletrônicos ou monitores suspensos nos aeroportos, onde normalmente há um visor que mostra partidas e chegadas, nacionais e internacionais, procure identificar o seu voo ali e verifique se as informações batem com os dados que estão no seu cartão de embarque, principalmente o portão de acesso (*gate*, em inglês) e a hora de embarque, que podem mudar. Está tudo OK, então? Beleza! Mas não se distraia demais no aeroporto antes de entrar na área de embarque.

Mesmo que você aparentemente tenha bastante tempo até a hora do voo, é bom não deixar para chegar à área de embarque nos últimos minutos, pois você ainda deve superar alguns "obstáculos" após o check-in: o primeiro acesso, onde normalmente algum segurança irá ler o código de barras ou QR; a máquina de raios X, onde algum segurança manejando o monitor irá verificar se você não está levando nada proibido, e outro irá pedir para você tirar o celular, carteira, chaves, notebook e, talvez, sapatos, cintos, brincos e o que mais possa fazer a irritante máquina apitar; e ainda, no caso de voos internacionais, o guichê da polícia federal, onde você deverá mostrar seu passaporte, que comprovará que você não é um fugitivo procurado tentando sair do país. E para tudo isso pode ter fila. Então, se é para passar o tempo no aeroporto, melhor fazer dentro da área de embarque.

Já passou pelo primeiro acesso do segurança que leu o código de barras e pela máquina de raios X, que verificou que você não está levando nada proibido; já mostrou celular- carteira- chaves- notebook- sapatos- brinco- e o que mais possa fazer a irritante máquina apitar – e, ainda, no voo internacional, já passou pela polícia federal, que comprovou que você não é um fugitivo procurado tentando sair do país?? Ufa! Está na área de embarque, então? Beleza! Mas não se distraia demais no aeroporto antes de entrar na área do seu portão de embarque.

Certo, é uma viagem internacional, e você quer espiar as lojas do *free shop*, cujos artigos, por não terem incidência de imposto, supostamente seriam mais baratos – mas fique de olho também na hora e no portão de embarque, pois tudo pode mudar. A hora pode ser bem sacaninha – tipo mudar e desmudar. Já presenciei o painel eletrônico marcar atrasos de 30 minutos, mas chegando à área de embarque constatei que o voo estava no horário. E portão de embarque mudar para o outro lado do aeroporto, pode Arnaldo?! Sim, também acontece. Pior ainda quando leva horrores de tempo para chegar até lá! Eventualmente, carrinhos, tipo os de golfe, estão disponíveis para transportar os passageiros mais necessitados. Aeroportos internacionais de grande porte informam até o tempo para chegar a determinada área: "portões 8 a 24: 15 minutos de caminhada". Se quiser passear pelas lojas ou fazer um lanche, vale primeiro chegar até o seu portão de embarque, só para se certificar da distância e assim evitar de ser surpreendido por um longo percurso na hora de embarcar.

Fique atento aos avisos! O painel costuma mostrar primeiro algo como "check-in aberto", o que significa que ainda há tempo de passear pelo aeroporto. Depois, "dirija-se ao portão de embarque", o que quer dizer que em breve vão embarcar os passageiros. Logo após, "embarque imediato", quando os passageiros começam a entrar no avião. Por fim, "última chamada", tipo "vai entrar ou vai perder o voo?". É verdade que já atravessei um aeroporto, desesperado, rumo ao meu portão de embarque, na primeira vez em que vi o tal "última chamada", para constatar que ainda havia uma grande fila de pessoas para entrar no avião. (Para que fazem isso, poxa? Por que não restringem a última chamada a uma verdadeira última chamada?!). Na dúvida, não bobeie: esteja junto ao portão de embarque antes de ler tal aviso amedrontador. Ah, sim, há ainda um último comunicado: "embarque encerrado" – se você leu isso sobre *o seu voo*, ihhh... você tá fu...ferrado!

Tem a hora de embarque e a hora do voo, e tem carinha que acha que dá no mesmo. Dá não, não senhor! O embarque pode ser aberto uns 30 ou 40 minutos antes da partida, em voos nacionais, e 60 ou até 90 minutos nos internacionais (mas também pode ser tudo em cima da hora). E não raramente, quando todos os passageiros entram com a antecedência prevista, o embarque é finalizado até 20 minutos antes da partida – e mesmo 1 hora antes nos voos internacionais. E aí, meu caro, embarque concluído, voo encerrado, porta fechada, salvo por motivos graves, ninguém mais entra, ninguém mais sai.

Portanto, mais do que na hora do voo, fique ligado na hora do embarque, sabendo que a aeronave fecha suas portas um pouco antes do horário da partida (e, para embarcar, você deve mostrar sua passagem e o documento de identidade ou, nos voos internacionais, o passaporte).

E o que fazer quando perder o voo? Pode tentar com a companhia o voo seguinte, mas, como o descuido foi seu, e não da empresa aérea (mesmo saindo antes da hora, foi depois do horário de embarque informado), não há garantia de que vão lhe autorizar o embarque num próximo voo – e, caso autorizem, ainda assim, na maioria das vezes, é necessário pagar uma multa por não ter embarcado no voo marcado, e talvez ainda diferença de tarifa. Se não for possível remarcar, será necessário comprar uma passagem nova – nesse caso, verifique os valores em outras companhias.

LEMBRANÇAS DE MOCHILÃO
O BRASILEIRO QUE CHEGOU ATRASADO

Essa eu testemunhei no aeroporto da Cidade do Panamá: estava eu numa conexão, sentado, aguardando a chamada do meu voo, que ia a Bahamas; do lado, casualmente, procediam ao embarque passageiros de um voo que ia ao Brasil. Vi todos os passageiros entrarem, e o embarque ser concluído. Nisso chega um brasileiro esbaforido, que começa a se desesperar quando percebe que o voo estava encerrado. Sem nem tentar um portunhol, ele implorava que permitissem o seu ingresso na aeronave, mas o atendente panamenho informava (num esforçado português de Portugal) a porta já estar fechada. Numa das súplicas finais, o cara insiste: "Por favor, não posso perder esse voo, dá uma força". E o atendente, já irritado: "Não senhor, à força não pode! Não podemos abrir a porta do avião à força". Confesso que achei a comunicação entre eles muito engraçada – mas certamente nosso conterrâneo (que perdeu o voo) não.

TRANSPORTES **153**

Conexão

Primeiro esclarecimento: diferença entre escala e conexão. Você está indo do Rio de Janeiro ao Recife, e o avião primeiro para em Salvador, onde descem alguns passageiros, sobem outros, mas você não sai da aeronave, pois seguirá nela até a capital pernambucana. Essa parada prevista, no meio do trajeto, é uma escala. Já, se, quando o avião pousar, você tiver que descer e entrar no aeroporto só para pegar um novo voo ao destino final, isso é uma conexão. No exemplo, sendo uma conexão, você terá dois cartões de embarque, um para Rio–Salvador, outro para Salvador–Recife. E é no destino final que você pegará a sua bagagem (exceto se houver mudança de aeroportos, o que é bom evitar, falo logo mais).

Nas viagens internacionais, é bastante comum voar com conexão, principalmente nas cidades do país da companhia aérea. Você está voando com a Swiss para Londres – muito provavelmente seu primeiro voo será para Zurique, onde aí sim você pegará outro avião rumo à capital britânica. Por que então não voar com a British direto para Londres? Porque o voo direto costuma ser sempre mais caro do que aquele que troca de avião.

Conexão pode ser bem legal, pode ser OK ou pode ser um porre. Vai ser legal se você tiver tempo e permissão para sair do aeroporto e conhecer outra cidade – em voos internacionais, verifique se é necessário visto (o visto de trânsito, justamente para conexões e estadias de 24h, ou, em alguns países, como a China, de até 72h). E, como disse antes, não precisa se preocupar com a sua bagagem, pois no check-in já foi programado que a sua mala despachada só será retirada no destino final. Por outro lado, preveja que você não poderá pegar nada nessa mala para passar o dia na cidade da conexão; você só poderá levar a mochilinha de bordo que guardou na cabine (e que obviamente vai com você quando sair do avião).

Às vezes o tempo da conexão pode ser curto, mas você, por sua iniciativa, pode prolongar esse tempo – para aproveitar um pouco a cidade em que desembarcou –, sem ser cobrado por isso. Por exemplo, numa viagem do Brasil com a Air France para Estocolmo certamente haverá conexão em Paris, porém, em princípio, tudo que você conhecerá da França será o aeroporto Charles De Gaulle. Todavia, você pode entrar em contato com a companhia (ou tentar você mesmo pelo site) para transferir o segundo voo (Paris–Estocolmo) para o dia seguinte (ou qualquer dia depois), de modo que possa passar o dia (por sua conta) em Paris. Esse tipo de parada chama-se *stop over*, e é o sonho de todo bom viajante – ganhar uma cidade de bônus na ida (ou na volta). Eventualmente o stop over pode ser cobrado, mas, se não for muito caro e/ou permitir uma estadia prolongada, vale a pena. Fiz uma viagem para Israel com a Ethiopian Airlines, e consegui descer em Adis Abeba (capital etíope) pagando apenas mais 100 dólares. Me programei com o tempo e, graças a essa parada, antes de chegar a Jerusalém, passei duas semanas na África, conhecendo a Etiópia e o Quênia – com uma tarifa que no total custou 1.500 reais. Essa barbada pode-se tentar, além de pelo contato com a companhia aérea, direto pelos sites de compra de passagem, no campo "múltiplos destinos" ou "várias cidades".

A conexão é OK quando você permanece no aeroporto onde vai pegar o segundo voo pelo tempo suficiente de esticar as pernas, dar uma volta, olhar as lojinhas. É, é OK.

Agora é um porre quando você precisa esperar por horas e horas, já não aguenta mais aquele aeroporto e mal consegue ficar sentado. Procure evitar esse tipo de conexão, principalmente na ida, para que você não chegue cansado. Ou tente transformar essa parada num stop over, para passar o dia ou algumas horas na cidade da parada.

Não quer ou não pode parar e descer na cidade? Então pesquise sobre o aeroporto da conexão e tente tirar proveito – de repente o lugar se revela uma grata surpresa, com lojas bacanas, bons restaurantes, galeria de arte, poltronas confortáveis, wi-fi grátis, biblioteca, cinema, jardim, hotel, piscina ou com uma arquitetura superarrojada, que dá prazer contemplar. Há ainda salas VIPs, que alguns cartões de crédito oferecem em aeroportos, pelo mundo, com comes e bebes gratuitos e boas áreas de descanso. Aeroportos como o de Cingapura, Seul, Munique, Hong Kong e Amsterdã estão entre os melhores, e a parada que poderia ser um porre pode virar OK e até se tornar bem legal. Algumas companhias (como Emirates e Turkish Airlines) oferecem aos passageiros um voucher para alimentação (para usar em determinados restaurantes do aeroporto) quando a conexão é muito longa.

Não se esqueça de sempre conferir o horário e o portão de embarque do segundo (e terceiro, se houver) voo. Se for uma conexão num grande aeroporto internacional, é possível que tenha que trocar de terminal ou caminhar bastante até o portão de embarque do novo voo – confira nos painéis eletrônicos. As companhias aéreas costumam prever tempo suficiente para a conexão; de qualquer forma, deixe para passear pelo aeroporto só depois que estiver próximo ao portão de embarque do novo voo. Se o primeiro voo atrasar e você perder o segundo, aí sim foi total falha da empresa, e você deverá ser acomodado no voo seguinte sem custo. Se faltar muito tempo para o segundo voo, exija refeição e, caso só seja possível viajar no dia seguinte, exija também hotel (mas isso apenas se perder o voo por culpa da companhia; se foi escolha sua comprar a passagem sabendo que haveria uma longa conexão – mesmo mudando de dia, tipo o primeiro chega à noite, o segundo sai pela manhã –, não ganha nem balinha na espera).

Ao comprar passagem, evite conexão com troca de aeroporto; por exemplo, um voo Florianópolis–Manaus com conexão em São Paulo, cujo primeiro avião vai a SP/Congonhas, e o segundo parte de SP/Guarulhos. Nesse caso, algumas companhias aéreas (Gol e Latam) até disponibilizam gratuitamente um ônibus que faz o traslado entre os dois aeroportos paulistas, mas os horários são limitados, e o risco de ter de enfrentar um trânsito intenso pode ser grande. Para comprar um voo assim, tem de ser uma economia muuito grande mesmo! (E você realmente deve ter o tempo suficiente para ir de um aeroporto a outro encarando um possível engarrafamento).

Durante o voo

Acomodado em seu devido assento, pronto para partir? – Considerando que ninguém da companhia aérea vai tirar você do voo por overbooking! (Eta piadinha de mau gosto... lembra o caso da United Airlines, do passageiro retirado à força, em abril de 2017? Felizmente o *overbooking* – a venda de passagens acima do número de lugares, considerando que muitos não embarcam – é mais comum nos Estados Unidos do que na Europa e no Brasil). Se não gostar do seu lugar, normalmente pode trocar depois que o voo estiver encerrado e ninguém mais for embarcar (mas atenção se houver escala, pois ao parar numa cidade ao longo do trajeto novos passageiros devem entrar), só não pode mudar para assentos da primeira classe ou para aqueles que a companhia cobra mais caro só porque tem alguns centímetros a mais de espaço.

Janela é bom para quem deseja se distrair olhando a vista (as cidades, nos pousos e decolagens; o céu, as nuvens; às vezes, o relevo lá embaixo) e recostar a cabeça na parede da aeronave. Corredor, bom para quem gosta de se levantar com certa frequência (ir ao banheiro, circular, pegar coisas na bagagem, no compartimento de cima) e de esticar as pernas em direção ao corredor (mas cuidado para não ser atropelado pelo carrinho de comidas nem causar tropeços nos passantes). Ponto negativo de cada: na janela, um saco para sair – e certo constrangimento pelo fato do passageiro do meio e o do corredor terem que se levantar para você passar ou, pior, caso estejam dormindo, por você ter que passar por cima deles; no corredor, se levantar quando o passageiro da janela e o do meio quiserem sair (e se você estiver com as pernas esticadas em direção ao corredor, provocar tropeço nas pessoas que circulam por ali). Ah, e o lugar do meio... Ponto positivo: um pouco de cada: pode espiar pela janela, pode sair sem incomodar demais... sei lá outras vantagens (eu sempre tento janela; quando não, corredor). Pontos negativos: sentir-se espremido entre os passageiros da janela e do corredor; não ter um descansa-braço totalmente seu (já que os dois são compartilhados); ter que lidar com não uma pessoa, mas com duas extremamente próximas, se mexendo, roncando ou puxando papo quando você deseja um silêncio budista... Eu realmente detesto sentar no meio!

Nos voos internacionais, há quem prefira os espaços na fila do meio da aeronave (o que não existe nas aeronaves que fazem voos domésticos), contando com a sorte – e considerando que as pessoas preferem os lugares das pontas – para ficar com os 3 ou 4 lugares só para si, e assim dormir na transversal ocupando todos os assentos. Bom, eu ainda prefiro garantir minha janelinha. Ainda sobre a escolha dos lugares, evite ficar perto dos banheiros, pois pode ter um abre-e-fecha de porta, entra--e-sai de gente, fila, e até algum cheirinho pouco agradável. Talvez seja bom evitar também as últimas fileiras e as saídas de emergência, que podem ter assentos não reclináveis ou um grau de inclinação menor – mas as poltronas junto à emergência, por outro lado, podem compensar por uma maior distância em relação às poltronas da frente, garantindo assim também um espaço maior para as pernas, o que faz algumas companhias aéreas cobrarem mais por esses assentos (sim, elas sempre dão um jeito de ganhar mais um trocado).

Viaje com roupas confortáveis. Não tenha vergonha de tirar os sapatos ou levar um travesseirinho próprio – podem ser aquelas almofadas de pescoço típicas de avião, que estão se popularizando (as de espuma são melhores que as de ar, embora estas últimas sejam mais práticas, já que podem ser esvaziadas e melhor guardadas). Nos voos internacionais, principalmente naqueles que atravessam oceanos ou que viajam noite adentro, é comum disponibilizarem um travesseirinho e uma manta fininha. Se você for friorento, não conte só com isso para se esquentar, leve um casaco para dentro da aeronave.

Você pode trazer a bordo, para ocupar seu tempo, livros, revistas (mas há a revista de bordo da companhia aérea), tablets ou smartphones com filmes ou séries (mas há, ao menos na maioria dos voos internacionais, uma programação de filmes e séries a que você pode assistir num monitor individual, acoplado ao banco à sua frente), fones de ouvidos (mas há o fone de ouvido do avião para escutar do cardápio musical disponibilizado pela companhia, ao menos nos trajetos internacionais). Não se esqueça de levar consigo escova e pasta de dentes (exceto se viajar de primeira classe ou executiva, já que nessas categorias os itens de higiene costumam ser concedidos aos passageiros).

Durante o voo, procure, de tempos em tempos, alongar o corpo e caminhar um pouco para estimular a circulação sanguínea. Você está sentando na janela, e os passageiros do meio e do corredor estão dormindo? Bom para eles. Saia do mesmo jeito, pedindo licença (quem não quer ser importunado que voe na classe executiva, na primeira...), ou tente alguma ginástica passando por cima deles – só não passe 12 horas de um voo sem movimentar decentemente suas pernocas.

Finalmente, os comes e bebes. Esqueça isso nos voos nacionais. Quando muito, vão te oferecer um minipacotinho de biscoitos doces ou salgados. Água oferecem sempre; algumas aeroviárias são mais generosas e servem refrigerante e suco de caixinha. Outras, um pacotito de amendoim (uaau, obrigaaado, companhia aérea!). A tendência dessas companhias é disponibilizarem lanches mais variados, pagos – nada muito saboroso, nada muito barato. Melhor se preparar e comer no aeroporto (mas saiba que comida em aeroporto é quase sempre bem cara) ou trazer de casa mesmo.

Nos voos internacionais, o cenário é melhor. Em viagens longas, com mais de 10 horas, normalmente são servidas duas refeições, uma mais completa, outra mais básica. Nada maravilhoso, mas, sim, comestível – ainda que seja lugar-comum falar mal da comida de avião. Dependendo do horário, pode servir janta e café da manhã, ou almoço e lanche da tarde. Geralmente na refeição principal há duas opções de pratos quentes, tipo frango ou peixe, ou carne ou massa. Para vegetarianos nem sempre haverá uma opção sem carne – mas acredito que as companhias aéreas já estejam mais atentas a esse público, que é cada vez maior. Muitas perguntam, quando você compra a passagem, se há alguma restrição ou preferência alimentar: é a hora dos celíacos, veganos e *koshers* revelarem as suas preferências. Em algumas companhias é possível escolher pelo site um estilo de refeição, como frutos do mar ou comida oriental. E se, na hora do almoço/jantar, você estiver muito em dúvida quando o comissário ou a aeromoça lhe perguntar se prefere *chicken* ou *pasta* (frango ou massa) – e ainda estiver com fome depois de comer –, pode pedir a eles, após terminarem de servir, se não arranjariam outra bandejinha de frango ou massa. E não dê bola ao olhar de estranhamento do seu vizinho que talvez tenha deixado metade da comida intocada.

A oferta de bebidas também é significativamente maior nos voos internacionais. Além de água, refrigerantes, suco em caixinha ou latinha (até mesmo suco de tomate, meu preferido, que eu bebo e aprecio sob a desconfiança da maioria), cervejas, vinhos (frequentemente minigarrafinhas de branco ou tinto) e às vezes até uísque. Claro, nada comparado com o que servem na primeira classe, mas estou escrevendo este livro para gente como a gente; então, esqueçamos os afortunados que se isolam na frente do avião. Os comissários vão lhe oferecer a bebida durante o serviço de bordo, junto com a comida, mas nada impede que você chame um dos atendentes ou chegue até a "cozinha", situada nas pontas ou em partes intermediárias da aeronave, e peça mais uma cerveja, um vinho, um suco de tomate... Só cuidado para não ficar bêbado, hein, e, pior ainda, acabar criando confusão de bêbado: aqueles passageiros inconvenientes que se excedem na bebida podem ser presos quando o voo chegar ao destino – ou o piloto pode mudar a rota e parar no primeiro aeroporto só para se livrar do importuno (agora, nunca vi ninguém ser expulso por beber suco de tomate... ;-))

Companhias *low cost*

Esse termo (baixo custo), ou *low budget* (baixo orçamento), designa um modelo de companhia aérea – de serviços enxutos e preços baixos – que é bem comum na Europa e na Ásia (mas infelizmente não temos no Brasil). Empresas aéreas como as europeias Ryanair, EasyJet, WizzAir, AerLingus, Vueling e as asiáticas Nok Air, VietJet, Jetstar, AirAsia oferecem voos, dentro dos seus devidos continentes, por tarifas bem acessíveis, frequentemente mais baixas do que as de ônibus. Não raramente, as europeias vendem passagens promocionais que custam a bagatela de 5 euros.

Eventualmente, em megapromoções, se pode conseguir uma passagem com essas companhias até por 1 euro. A média, claro, é mais alta, mas ainda assim costuma ser vantajoso voar com essas low cost. Na real, nem sempre. Afinal, se a passagem custa pouco, existem outros fatores que podem onerar o custo final. Primeiro, a distância (que muitas vezes é bem grande) do aeroporto às zonas centrais. Se há na cidade um aeroporto comercial secundário, pode apostar que a low budget sai de lá. E há que verificar o acesso para chegar. O transporte público até esse aeroporto pode ser meio inconveniente, seja por horários infrequentes, seja por partir de locais fora de mão. E deve-se levar em conta ainda o valor da passagem do veículo que vai até lá – especialmente se for táxi, que pode custar mais caro que a passagem do avião (mas acredito que se há demanda ao aeroporto, também há algum transporte público até lá).

A bagagem é outra questão importante a considerar. Tais passagens baratas frequentemente incluem você com sua roupa do corpo e algo tipo 5 kg numa bagagem de cabine, a embarcar com você. Quer levar mais ou despachar uma mala? O custo vai aumentar – e de novo pode superar o valor da passagem, principalmente se você deixar para comprar a franquia da bagagem na hora do embarque, em vez de fazer isso no momento que compra a passagem, pela internet. Algumas empresas também impõem algumas regras, tipo obrigatoriedade de impressão da passagem. Se você chegar sem o maldito papel impresso, paga mais uma multa.

Acho que os salários de quem trabalha nessas empresas também não devem ser grande coisa, pois é o povo de aviação com mais cara amarrada que já vi. Lembra a história que contei do voo que perdi na fila do check-in? (p. 145). Pois é, foi com uma dessas low cost, cujos atendentes não demonstravam nenhum esforço para que eu não perdesse o embarque. É o legítimo barato que pode vir a ser caro.

Porém, no cenário ideal, essas empresas são tudo de bom: passagem barata, aeroporto acessível (e você também deve fazer a sua parte portando uma bagagem leve e compacta). Aí tem que aproveitar mesmo. Já viajei muito com low budgets, e esse voo perdido no aeroporto de Luton foi a única roubada em que me meti; então, ainda acho que estou no lucro e posso recomendar (mas eu sempre viajo light de bagagem, hein!).

Foi no modelo de empresas de baixo custo – em que se deve pagar pela bagagem despachada – que as companhias aéreas brasileiras se espelharam para implementar essa nova regra, de cobrar por mala que você despachar. Pode ser uma boa? Bem, você pode voar de Barcelona a Berlim, ou de Bangkok a Hanoi, por menos de 20 euros com as companhias low budget europeias ou asiáticas, mas não percorre uma distância similar a essa, como de Porto Alegre a Brasília, por 20 reais, nem mesmo por 100 reais (aliás, nem mesmo por 200 ou 300 reais). A cobrança de franquia de bagagem, implementada por Gol, Latam e Azul em junho de 2017, chegou com a promessa de uma redução no valor das tarifas, mas isso não aconteceu. Então, por enquanto, foi só mais uma artimanha para as aeroviárias brasileiras ganharem em cima dos passageiros.

Extravio de bagagem

Aquilo que todo viajante teme: você chegou no seu destino – mas não a sua mala. O que fazer? O primeiro passo é se dirigir ao temido balcão de "extravio de bagagens", normalmente localizado próximo às esteiras da devolução de mala. Ali funcionários da companhia aérea do seu voo irão instruí-lo a preencher o Registro de Irregularidade de Bagagem (RIB) – no exterior, costuma ser Missing Luggage Form. No preenchimento do RIB, deve-se informar o endereço para a mala ser entregue, considerando que será encontrada (por isso lembre-se sempre de identificar sua bagagem).

Antes mesmo de sair do aeroporto, é possível exigir da companhia aérea uma verba – valor que varia entre as empresas –, para itens de primeira necessidade, como uma muda de roupas, roupas íntimas, produtos de higiene. Eventualmente, você poderá ser orientado a comprar o que for necessário (dentro de um determinado limite), guardar os recebidos e encaminhá-los para ser reembolsado.

Segundo as novas regras da ANAC (Agência Nacional de Avião Civil), divulgadas em março de 2017, as empresas brasileiras têm até sete dias para encontrar e devolver a bagagem de voos nacionais e 21 dias para voos internacionais (prazo este reiterado pela Convenção de Varsóvia).

Não foi achada mesmo? O processo de indenização costuma seguir os padrões das convenções internacionais, que têm como teto de indenização 1.200 euros por mala (em torno de 4.500 reais). Assim, se for despachar itens caros, é interessante fazer uma declaração do conteúdo da bagagem na hora do check-in, para evitar que a indenização seja um valor bem mais baixo do que o teto.

Se não concordar com o valor indenizatório ofertado pela companhia, pode recorrer à justiça, porém casos recentes têm seguido as normas internacionais. Já processos por danos morais, quando o extravio realmente complica a viagem do passageiro, normalmente são vitoriosos para o consumidor.

No fim, para evitar tudo isso, ou diminuir suas chances de dor de cabeça, tente viajar apenas com uma mala de cabine (respeitando o peso e as dimensões limites). Não tem como? Então sempre etiquete sua bagagem com um *tag* de mala (e não apenas com aquela que a companhia põe) e procure observar a identificação – com a sigla de três letras do aeroporto de destino – que o atendente do check-in coloca na sua bagagem antes de despachá-la pela esteira. É sábio e prudente ainda levar algumas roupas básicas, além daquilo que é o mais caro ou o que você dá um grande valor, na sua bolsa ou mochilinha de mão.

Após a viagem (e antes também): acúmulo de milhas

Conhece os programas de milhagem? São programas que visam fidelizar o viajante, que acumula pontos por trechos voados; esses pontos podem posteriormente ser trocados por passagens na mesma companhia aérea (ou em companhias internacionais parceiras) – mas é bom saber que passagens promocionais muito baratas podem pontuar pouco ou nada. No Brasil, Latam, Gol, Azul e Avianca mantêm os seus programas, respectivamente, Multiplus, Smiles, Tudo Azul e Amigo.

Cada um tem suas características. Como, por exemplo, no que se refere às companhias aéreas internacionais parceiras, que podem estar vinculadas a uma aliança de aeroviárias – a Latam está no Oneworld, a Gol em *code share* (parceria em que uma empresa leva passageiros da outra) com algumas companhias do SkyTeam (e especula-se que integre este grupo) e do Oneworld, a Avianca faz parte da Star Alliance. Saber quem são os parceiros e tentar manter-se fiel a eles, principalmente nos voos internacionais (que garantem mais pontos), é realmente uma boa. Os grupos e seus principais integrantes, a saber:

ONEWORLD: Latam, Air Berlin, American Airlines, British Airways, Cathay Pacific, Iberia, Japan Airlines, Malaysia Airlines, Qantas, Qatar Airways, S7 Airlines.

SKYTEAM: Aeroflot, Aerolineas Argentinas, AeroMexico, AirEuropa, AirFrance, Alitalia, China Airlines, Czech Airlines, Delta, Garuda Indonesia, Kenya Airways, Korean Air, KLM, Saudi, Vietnam Airlines.

STAR ALLIANCE: Avianca, Air Canada, Air China, Air India, Air New Zealand, Copa Airlines, Croatian Airlines, Egyptair, Ethiopian, LOT Polish Airlines, Lufthansa, Scandinavian Airlines, Shenzen Airlines, Singapore Airlines, South African Airways, Swiss, TAP, Thai, Turkish Airlines, United.

Particularmente, acho que no Brasil as melhores promoções de milhagens são ofertadas pelo programa da Latam, no qual não raramente você encontra trechos por 3.500 pontos, e pelo da Azul. Para o exterior, em todas as companhias, encontra-se a partir de 20.000 pontos nas Américas ou 35.000 pontos atravessando o Atlântico. Por isso, confesso, não costumo trocar milhas por passagens internacionais: acho que elas rendem um maior número de voos – e uma maior economia – viajando pelo Brasil. A diferença de milhas necessárias para voos internacionais, comparada com para voos domésticos, costuma ser bem maior do que a diferença de dinheiro necessária para o mesmo trecho, especialmente se você aproveita uma boa promoção de voo internacional.

Mas atenção: existem muitas regras para acumular e trocar milhas, como o tempo de validade (expiram em 2 ou 3 anos); a possibilidade de trocar parte em pontos, parte em dinheiro, e as parcerias com cartão de crédito. Muito importante é saber que existe essa parceria com bancos e operadoras de cartão e que suas compras nos supermercados ou em lojas em geral, desde que pagas com cartões integrantes dos programas de milhagem, podem ser futuramente convertidas em pontos e trocadas por passagens aéreas.

CARRO

Viajar com tempo, no seu próprio carro ou num bom veículo alugado, parando onde quiser e conhecendo as atrações no caminho, é tudo de bom. Talvez essa seja uma das viagens mais bacanas que você pode fazer – ao menos para mim, foi –, principalmente se a paisagem contribuir.

Seu carro na América do Sul

Pelo Brasil, infelizmente, acho bastante inseguro viajar de carro, tanto pelas estradas malconservadas como pela questão da segurança pública do nosso país. Mas no resto do continente sul-americano acho o cenário geral bem mais propício. Quando escrevi os guias O Viajante Argentina e O Viajante Chile, fui três vezes com meu próprio carro para a Argentina e para o Chile (a vizinhança entre eles e seus formatos territoriais favorecem o viajante para percorrer ambos os países de uma vez só). As viagens foram organizadas por região: norte dos dois países (incluindo o Noroeste argentino e o Deserto do Atacama); centro (Buenos Aires, a região de Mendoza e Aconcágua, Santiago, a região dos Lagos e Vulcões); sul (Patagônia, Terra do Fogo, Torres del Paine, Carretera Austral), cada viagem em torno de 30 dias (a última, 35). Cruzar a cordilheira dos Andes foi espetacular! Essas montanhas estão muito próximas de nós, brasileiros, e poucos se aventuram a conhecê-las. E menos ainda são os que se dão conta de que podemos fazer tudo isso de carro, partindo do Brasil. Viajamos em dois (valeu, Márcio!), revezando na direção e por vezes dormindo (bem) dentro do veículo, com os bancos virados.

Curti tanto essa viagem que tempos depois, a fim de atualizar o Guia Criativo para O Viajante Independente da América do Sul e gravar um programa de TV, voltei novamente motorizado, e ainda para mais países, na sequência: Uruguai, Argentina, Chile, Peru (Cusco/Machu Picchu foi o ponto de retorno), Bolívia, Paraguai, Brasil, desta vez em três (valeu, Letícia e Felipe!), 45 dias, 15 mil quilômetros. Tudo com o meu veículo, que mandou muito bem, e não era (em nenhuma dessas viagens) um 4x4.

Se você deseja viajar de carro pela América do Sul, dou a maior força – mas fique ligado em alguns quesitos básicos: o principal deles é o seguro Carta Verde, válido para o Mercosul, que cobre o sinistro do automóvel de terceiros. Também é importante saber que, para atravessar as fronteiras, é preciso que o carro esteja em seu nome, ou no nome de um dos passageiros (mesmo o veículo financiado, se não estiver no seu nome, vai lhe complicar). Não dá, por exemplo, para você pegar o carro do seu pai e tentar passar com ele do Chuí gaúcho ao Chuy uruguaio. Eu sei, baita sacanagem, tanto carro roubado indo de cá para lá da fronteira, e você só querendo conhecer a Patagônia...

Carro alugado pelo mundo

Alugar ou não um carro lá fora. O principal fator, decisório, é se o trajeto é particularmente excepcional, que pede paradas frequentes. Não há país que não tenha regiões assim, e, se a sua viagem for a destinos como esses, pode apostar que vale ter um veículo que garanta a sua liberdade de locomoção.

Bons exemplos de regiões que, por sua beleza (e segurança e infraestrutura), mais do que uma ou outra cidade específica, vale a pena visitar de carro, parando em cada canto que desejar: a Provence e o Vale do Loire, na França; as Highlands, na Escócia; a Toscana, na Itália; a Andaluzia, na Espanha; Minho, em Portugal; a Baviera e a Rota Romântica, na Alemanha; a Boêmia, na República Tcheca; Alberta e Columbia, no Canadá; a Rota 66, nos Estados Unidos.

Mas é importante considerar também outras questões, como o tempo da viagem, a presença de outra pessoa (potencial motorista) para compartilhar a direção (caso o motorista "titular" cansar) e o custo-benefício em relação ao número de passageiros. O custo, afinal, sem um planejamento prévio, pode ser desanimador.

O que pesa na locação de um veículo:

→ O porte do carro (compacto, econômico, intermediário, executivo, luxuoso);

→ Câmbio automático ou manual, com ou sem direção hidráulica (no Brasil, você ainda pode escolher, mas em muitos países só há o modelo automático e mais moderno; se for dirigir por lugares que têm a "direção invertida", como Reino Unido, Austrália e África do Sul, e não é canhoto, não tenha dúvida de pedir o automático; ninguém merece fazer mudança com a mão esquerda!);

→ Se a quilometragem é livre ou controlada (a segunda é mais barata, mas só vale a pena se você tiver 100% de certeza de que não vai mudar um quilômetro da rota – caso contrário, prefira a livre);

→ Se for pegar e/ou devolver o carro no aeroporto (pode ser um pouco mais caro, mas se você estiver chegando/partindo pelo aeroporto, sem dúvida é uma comodidade a ser aproveitada);

→ Se os seguros estão incluídos (isso não precisa pensar muito: tem que ter e pronto; caso contrário, o barato pode sair muito, muito caro);

→ Se há um segundo motorista (deve incidir uma cobrança extra por isso, mas, caso o trajeto seja longo e haja mais gente no veículo que saiba dirigir, vale a pena contar com o revezamento na direção);

→ Se o motorista tem mais de 25 anos e menos de 75 (jovens abaixo e idosos acima de certa idade pagam mais);

→ E, o que mais eleva o custo, pegar o carro numa cidade e devolver em outra (e é ainda mais caro se for devolver em outro país). Esse último ponto pode ser o fator que efetivamente mais encarece a locação de um veículo; então, se possível tente programar rotas circulares, partindo e voltando ao mesmo local.

Existe uma alternativa para você pegar o carro numa cidade e devolver em outra sem custos – aliás, sem custos de locação. Operando nos EUA, Canadá, Austrália e Nova Zelândia, o TransferCar (nos EUA: www.transfercarus.com) é uma plataforma pela qual locadoras que alugaram carros que estão distantes de suas sedes (porque é bastante comum pegar o veículo numa cidade e devolver em outra) se conectam a viajantes (com a devida carteira de motorista) que sem encontram na cidade onde o carro foi devolvido e estão dispostos a levá-lo de volta à locadora. Ou seja: bom para a locadora, que não arca com as despesas de um funcionário ou de um caminhão para retornar o automóvel, bom você para você, que pode dirigir de uma cidade a outra sem pagar pela locação do veículo. Na real, você fará um trabalho para eles de graça, mas se não houver despesas e trâmites burocráticos para fazer essa viagem (e você quer fazer essa viagem!), tá mais do que valendo.

Nas condições normais, entretanto, você irá alugar um carro, e convém fazer simulações nos sites das companhias para ter uma ideia de gastos. Ao informar local e datas de retirada e devolução, você já sabe exatamente quanto custará a locação por cada tipo de veículo. As principais locadoras internacionais são Avis, Hertz, Budget, Alamo, Thrifty, National, Sixt e Europcar. Alguns sites já fazem a comparação entre elas, e eventualmente até podem oferecer valores menores: Skyscanner, Kayak, Rent Cars, Holiday Cars, Priceline, Autoeurope.

Importante lembrar que há outras despesas, não incluídas na locação do veículo, como combustível, pedágios e estacionamentos, além de eventuais multas. Por outro lado, se você for do estilo mais aventureiro – e estiver no máximo em até duas pessoas –, pode economizar dormindo no carro: na maioria dos veículos, o banco traseiro ao ser virado emenda-se com o porta-malas, tornando-se uma improvisada cama de casal (fiz muito isso nas viagens pela América do Sul, e consegui dormir muito bem).

Se há a intenção de fazer algo assim, procure verificar, antes de alugar, se o auto se presta para isso, com banco traseiro que pode ser ajustado em 180 graus. Mas atenção: não dá para estacionar em qualquer lugar e ter a sua noite de sono (não é nem mesmo seguro). Prefira campings e, se não encontrar, estacionamentos privados e postos de gasolina (preferencialmente onde houver caminhoneiros). Cubra os vidros, para garantir um pouco mais de privacidade, e deixe uma frestinha da janela aberta para facilitar a circulação do ar.

Embora o ideal seja sempre ver e experimentar o carro (principalmente se houver a intenção de virar o banco traseiro), alugar com antecedência, ainda no Brasil, deve garantir um preço mais baixo e o carro escolhido à sua espera quando você chegar para retirá-lo (e se não estiver, devem lhe dar um carro superior; não aceite por menos).

Não se esqueça de certificar-se de que a nossa CNH – Carteira Nacional de Habilitação vale no país e na região onde você pretende dirigir. Normalmente não há problema, mas alguns países podem exigir a PID – Permissão Internacional para Dirigir (ou IDP, no inglês, *International Drive Permission*), que deve ser solicitada no Detran ou em centros de condutores nas cidades brasileiras.

NOSSA CNH NO MUNDO

Oficialmente é informado que a CNH brasileira é válida na África do Sul, Albânia, Alemanha, Angola, Argélia, Argentina, Austrália, Áustria, Azerbaijão; Bahamas, Barein, Belarus, Bélgica, Bolívia, Bósnia, Bulgária; Cabo Verde, Cazaquistão, Chile, Cingapura, Colômbia, Coréia do Sul, Costa do Marfim, Costa Rica, Croácia, Cuba; Dinamarca; El Salvador, Equador, Eslováquia, Eslovênia, Estados Unidos, Estônia; Filipinas, Finlândia, França; Gabão, Gana, Geórgia, Grécia, Guatemala, Guiana, Guiné-Bissau; Haiti, Holanda, Honduras, Hungria; Indonésia, Irã, Israel, Itália; Kuwait; Letônia, Líbia, Lituânia, Luxemburgo; Macedônia, Marrocos, México, Moldávia, Mônaco, Mongólia, Montenegro; Namíbia, Nicarágua, Níger, Noruega, Nova Zelândia; Panamá, Paquistão, Paraguai, Peru, Polônia, Portugal; Reino Unido (Inglaterra, Irlanda do Norte, Escócia e País de Gales), República Centro-Africana, República Democrática do Congo, República Tcheca, República Dominicana, Romênia, Rússia; San Marino, São Tomé e Príncipe, Seicheles, Senegal, Sérvia, Suécia, Suíça; Tadjiquistão, Tunísia, Turcomenistão; Ucrânia, Uruguai, Uzbequistão; Venezuela; Zimbábue. Fonte: Site Denatran/2016. Digo oficialmente porque mesmo países não listados aqui podem não exigir a PID. No Canadá, por exemplo, aluguei um carro apenas com minha CNH, e não tive qualquer problema. Por outro lado, vá saber se eu fosse parado pela polícia...

DICAS RÁPIDAS:

Não deixe de viajar com um mapa; sou da velha guarda, ainda gosto de mapas impressos. GPS no carro sempre ajuda, mas, se não houver no carro e tiver que alugar o aparelho, talvez seja melhor usar aplicativos do celular. Meus favoritos são o Maps.me, totalmente off-line após baixar o mapa da região, e o Google Maps, que pode ser programado para apresentar rotas off-line.

Viaje sempre de dia – você aprecia a paisagem e passeia com mais segurança (no Brasil, então, nem se fala) – principalmente no caso de imprevistos, tipo furar um pneu e você ter de parar no meio da estrada. Evito ao máximo dirigir à noite e dou sermão em todos os meus amigos que não fazem isso.

Informe-se sobre as regras locais, tais como limites de velocidade, necessidade de faróis acesos, estacionamento. Se for multado, você pode, por ser estrangeiro (dependendo do país onde receber a multa), vir a ser cobrado na hora (mas atenção: veja se isso não cheira a pedido de propina), ou ter de pagar em algum local indicado – e ser impedido de sair do país caso não pague.

Agora se a "multa" for uma tentativa de suborno, sem que você tenha feito nada errado, não aceite. Fui parado assim na Argentina (mais de uma vez), no Uruguai e na Bósnia. Em todas, me deparei com policiais tentando ganhar uns trocados às custas de um motorista estrangeiro. Comigo não, malandro, que eu sou brasileiro! Após argumentar e insistir que eu não havia feito nada errado, parti para um tipo de carteiraço: identifiquei-me como jornalista e travel writer (você pode não ser, mas, se o cara está blefando com você, por que você não pode blefar com ele?) e disse que iria escrever sobre aquele episódio, pedindo o nome dos referidos guardas. Em menos de um minuto eu estava livre e de volta à estrada.

Sempre é bom ter uma ideia do preço da gasolina. A média do litro pelo mundo é 1,08 dólar (em torno de 3,50 reais, um pouco menor que a média no Brasil), mas, na real, tudo muda conforme o país (e no Brasil, conforme o estado): na Venezuela custa o ridículo de 1 centavo de dólar (em reais, menos de 25 centavos); na Noruega, quase 2 dólares o litro (em torno de 6,50 reais). Quer saber o preço da gasolina mundo afora? Acesse http://pt.globalpetrolprices.com/gasoline_prices/.

ÔNIBUS

Certamente você já fez alguma viagem de ônibus pelo Brasil, e viajar com este meio por outros países não é muito diferente, nem mesmo no que se refere ao conforto (já andei em veículos norte-americanos e europeus bem mais ou menos, piores do que os ônibus brasileiros, e foi no Vietnã onde peguei um dos mais confortáveis, um *sleeping bus* maravilhoso!). No geral, existem os ônibus convencionais, de conforto OK, que podem fazer várias paradas no caminho; os executivos, mais confortáveis e espaçosos, que param menos ou são diretos; e os leitos, com poltronas bem reclináveis que quase viram cama, os quais geralmente viajam à noite e quase não têm paradas. Esses tipos de ônibus encontram-se em quase todos os países, só mudam as designações (convencional, executivo, leito).

Um conceito que temos no Brasil, que não é comum em todo lugar, é o de rodoviária. Parece óbvio que todas as localidades possuem um terminal de ônibus para embarque e desembarque de passageiros – mas o fato é que nem toda cidade, mundo afora, conta com uma estação central. Frequentemente, o ponto de partidas e chegadas fica junto ao escritório da empresa de ônibus ou num local aleatório (um estacionamento ou uma rua qualquer). Tais paradas também nem sempre são centrais ou contam com facilidade no transporte público – procure se informar sobre isso antes de comprar passagem.

Falei antes sobre as companhias aéreas *low cost*; vale saber que também existem as de ônibus de baixo custo, com passagens que podem custar irrisórios euros, dólares, libras. A mais barata e popular é a Megabus, que oferece rotas dentro da Europa, dos Estados Unidos e do Canadá. Na Europa existem várias outras, que perfazem um maior número de rotas em seu país de origem (especialmente a partir da capital), como a Ouibus, na França; a National Express, na Grã-Bretanha; a BerlinLinienBus, na Alemanha; a PolskiBus, na Polônia; a Swebus, na Suécia. Verifique em cada companhia como funciona a regra das bagagens (tamanho, peso, número de peças incluído na passagem). E, se você for estudante ou jovem com menos de 26 anos, questione se não tem direito a algum desconto.

Assim como existem sites para comparações de preços de passagens de avião, também há sites que fazem o mesmo para as passagens de ônibus, como BusBud, CheckMyBus, GoToBus e Wanderu, todos, porém, com limitações nas informações (não mostram muitas rotas brasileiras, por exemplo).

Viagens pelo continente

Ao considerar em viajar de um país a outro, ou mesmo em atravessar todo um continente como ir de Ushuaia a Caracas, na América do Sul, ou de Lisboa a Moscou, na Europa, por exemplo, você certamente não vai pensar primeiro no ônibus como meio de transporte. E nem o segundo. Mas, sim, o ônibus pode ser uma boa alternativa ao avião e ao trem, principalmente pelo valor das passagens. Salvo tarifas especiais das companhias aéreas low budget e as megapromoções das ferroviárias, espere sempre pagar menos nos ônibus (Uhm... o Brasil pode ser exceção).

A maior companhia europeia, no que se refere a rotas por todo o continente, é a Eurolines. Não costuma ser a mais barata nem a mais confortável, mas oferece um interessante benefício, que pode facilitar a vida e o bolso dos viajantes – um passe de ônibus. Inspirado nos famosos passes de trem, esse de ônibus contempla 50 cidades (incluindo capitais, como Londres, Paris, Amsterdã, Madri, Lisboa, Berlim, Edimburgo, Copenhague, Praga, Budapeste, e outras importantes cidades, como Barcelona, Veneza, Florença, Porto, Nice, Zurique, Estrasburgo), pode valer por 15 ou 30 dias e tem preços diferenciados por época do ano – mais barato na baixa estação (1/jan a 31/mar e 1/out a 31/mar), valores razoáveis na média temporada (1/abr a 13/jun e de 7 a 30/set) e mais caro na alta (14/jun a 6/set). Há ainda preços reduzidos para jovens de até 25 anos. As passagens variam de 195 euros (jovem viajando por 15 dias na baixa temporada) até 425 euros (adulto viajando por 30 dias na alta temporada). Ficou interessado? Entre no Google e busque o site da Eurolines.

Falei antes de um voo que perdi, Londres–Amsterdã (leia na p. 145), e que preferi, em vez de pegar um novo voo, tomar um ônibus. Foi a melhor coisa que fiz. O voo sairia de manhã bem cedo, me obrigando a ficar mais uma noite na capital britânica, na verdade apenas algumas horas de uma noite, pois deveria sair de madrugada, o que ficaria bem cansativo. E haveria todo o traslado para chegar até o aeroporto, que não era nada perto de onde eu estava alojado. Já o ônibus sairia naquele mesmo dia, à noite – e é bem melhor se acomodar e dormir no ônibus do que passar a madrugada, com poucas horas de sono, tentando chegar a um aeroporto para ficar um par de horas dentro de um avião – e chegar ao destino mais cansado ainda. Além disso, a rodoviária londrina ainda era (é) central, próxima a uma estação de metrô. Claro que viajei por mais tempo, mas economizei a noite de hotel, ganhei mais horas de sono e no fim cheguei em Amsterdã no mesmo horário que chegaria de avião. Poderia fazer isso de trem também, mas o trem, além de bem mais caro (principalmente comprando a passagem na hora), leva menos tempo, e eu não conseguiria, numa rota entre Inglaterra e Holanda, viajar e dormir por toda a noite.

Na América do Norte, principalmente nos Estados Unidos, a maior companhia de ônibus é a Greyhound (famosa pelo seu icônico logotipo: um cachorro, da raça greyhound, correndo), que viaja por mais de 3.800 destinos. Certamente é a mais popular, porém não a mais barata. Este título serve melhor à BoltBus (pertencente à própria Greyhound) ou à mencionada Megabus, ambas circulando, além dos Estados Unidos, também pelo Canadá.

Na Ásia (com exceção de parte da região sudeste) e na África não são muito comuns as rotas continentais, que atendem vários países atravessando fronteiras; normalmente as companhias de ônibus estão mais restritas ao país de origem e a seus vizinhos (devendo o viajante pegar, posteriormente, outro ônibus num outro país).

Na América do Sul até existem algumas rotas internacionais, mas nada de muito significativo. Mesmo a partir do Brasil, que faz fronteira com 10 países, a malha rodoviária internacional é limitada. Ainda assim, você consegue, saindo de algumas capitais brasileiras, ir de ônibus ao Uruguai, à Argentina, ao Paraguai, ao Peru e até ao Chile, que nem mesmo fronteira faz conosco. Tempo de viagem: dias. Mas por aqui o pior são os preços, que podem ser mais elevados do que os de avião. Vale mais pela aventura de desbravar por terra, contemplando as paisagens e conhecendo *hermanos* sul-americanos pelo caminho.

TREM

Devo assumir: acho trem o meio mais legal de viajar. De modo geral, são confortáveis e rápidos, nos propiciam contemplar a vista da janela e nos dão a sensação de que estamos desvendando o território. Trens nos permitem locomoção entre seus vagões e muitos contam com restaurantes, características que facilitam conhecer nativos e viajantes. Gosto da experiência de passar um dia inteiro num trem, de acompanhar o anoitecer, de deitar e dormir no aconchego da cabine, ao suave balançar dos vagões.

O entretenimento dá um 7x1 no tédio. Alguns até podem ficar meio de saco cheio, sentindo-se trancafiados numa cabine um tanto quanto compacta ou presos a um assento de vagão, mas acho que só quem não curte viajar pode ter essa percepção. Você não precisa ficar sentado o tempo todo como num ônibus e muito menos apertado como num avião, então aproveite a flexibilidade e mobilidade que o trem proporciona – e até o ócio criativo de uma viagem num ambiente que não à toa já produziu livros, filmes e músicas de sucesso. Quem está dizendo isso é um cara que viajou a Europa inteira de trem, pegou o Trem da Morte na Bolívia e outros trens na América do Sul, atravessou a Índia de sul a norte de trem, foi da Rússia à Mongólia de trem – na lendária Ferrovia Transiberiana – e, mais recentemente, cruzou boa parte do Canadá de trem. E não se cansou em nenhuma dessas viagens.

Juro, não me enfastiei nem mesmo nos 10 dias em que percorri a Transiberiana. O que fiz numa longa viagem dessas?

Apreciei a paisagem, fotografei, li, escrevi, conversei (mesmo não sabendo russo, e os russos não sabendo português ou inglês), dormi, comi, bebi, explorei o trem caminhando pelos vagões, desci em paradas e conheci algumas cidades pelo caminho. E foi uma das viagens mais sensacionais que fiz, uma aventura ferroviária que me propiciou boas doses de conhecimento e de autoconhecimento.

Mas você não precisa fazer um percurso tão extenso para curtir uma viagem de trem, até porque não são muitos os lugares onde isso é possível. Por certo, não no Brasil (nem mesmo na América do Sul), onde governos incompetentes e corruptos privilegiaram o lobby automobilístico ao serviço ferroviário. Até temos pequenos trechos de ferrovias para trens turísticos (e um número um pouco maior para trens de carga), mas nada como encontramos na América do Norte, na Ásia, e, principalmente, na Europa, onde o trem é um transporte bastante eficiente, popular e utilizado no dia a dia. O aspecto mais negativo é o preço: as passagens neste meio costumam ser bem mais caras do que as de ônibus e até mesmo que as de avião.

Para escapar de pagar caro, deve-se comprar as passagens com certa antecedência e verificar os trens e as classes disponíveis, para as quais há diferentes preços – e, caso você vá fazer várias viagens, veja se há um passe de trem ou algum tipo de promoção disponível. Desde o planejamento de sua viagem, não pense apenas em conhecer um país, ou parte de um continente, mas em conhecer e percorrê-lo de trem. Assim, já pode verificar se existem rotas que são realizadas por trens de diferentes padrões (com preços mais acessíveis). Por exemplo: alguns trechos podem ser feitos em trens de alta velocidade, que são bem mais caros (e que por serem rápidos não são os ideais para apreciar a vista), ou em trens regionais, bem mais baratos e lentos (com várias paradas, mas, se você não estiver com pressa e quiser curtir, é a pedida).

UMA IDEIA DO SISTEMA FERROVIÁRIO EM CADA CONTINENTE

Trem na Europa

O Velho Continente é o paraíso dos amantes das viagens ferroviárias. Praticamente se pode cruzar o continente inteiro num trem – ou melhor, em vários, que quase sempre são bastante confortáveis e pontuais. As estações geralmente são centrais, o que facilita bastante o acesso até elas. O trem é, sem dúvida, a maneira mais clássica e charmosa de conhecer o continente europeu, e fundos permitindo, vale investir num passe de trem ou num vagão de primeira classe – a diferença de preço em relação à classe econômica não é tanta como a diferença de preço nas tarifas de avião; as poltronas são mais espaçosas e há menos gente viajando, o que pode fazer diferença na alta temporada.

A Rail Europe é a revendedora oficial de passagens de trem, representando todas as companhias ferroviárias nacionais. Comprar tudo através do site dessa empresa é uma facilidade (até porque tem versão em português: www.raileurope.com.br). Por outro lado, se você procurar direto no site da companhia ferroviária de cada país, pode encontrar passagens bem mais baratas, até por menos da metade do preço (e é bom comprar com antecedência, pois se deixar para comprar na hora, na estação, além das filas que terá de enfrentar, certamente vai pagar mais caro). Por exemplo, se pretende adquirir um ticket Paris–Berlim, consulte o site da Rail Europe, mas veja também a francesa SNCF e a alemã Deutsche Bahn (DB). Fiz agora uma simulação aleatória desse trecho num mesmo dia e horário nas 3 empresas: Rail Europe vendia por 210 euros, SNCF por 128 euros e DB por 99 euros. Para conseguir preços menores, procure comprar com antecedência de, aproximadamente, 60 a 90 dias.

COMPANHIAS FERROVIÁRIAS NA EUROPA:

- **Alemanha:** DB
- **Áustria:** ÖBB
- **Bélgica:** SNCB
- **Dinamarca:** DSB
- **Espanha:** Renfe
- **França:** SNCF e Thalys
- **Holanda:** NS
- **Hungria:** MÁV
- **Itália:** Trenitalia e Italo
- **Noruega:** NSB

- **Polônia:** PKP
- **Portugal:** CP
- **Reino Unido:** National Rail*
- **República Tcheca:** CD
- **Romênia:** CFR
- **Rússia:** RZD
- **Suécia:** SJ
- **Suíça:** SBB

Existem várias outras companhias privadas também.

Alguns trens são conhecidos por suas características particulares ou pelos trajetos que realizam. Assim, o ICE, o Thalys, o AVE, o Talgo, o TGV, por exemplo, distinguem-se por serem bastante velozes (TGV inclusive é a abreviatura do francês para Trem de Grande Velocidade) – todos exigem reserva; já o InterCity e o EuroCity são trens comuns que circulam entre os países, cruzando boa parte da Europa; o Eurostar, por sua vez, é famoso por atravessar uma grande obra da engenharia moderna, o Eurotúnel, túnel que conecta a Inglaterra à França (do centro de Londres ao centro de Paris em pouco mais de 2 horas).

Uma facilidade para os viajantes na Europa é o passe de trem, que permite ao passageiro circular por vários países, ou por várias cidades de um país, dentro de um determinado período. Já viajei muito pelo continente com esses passes e curti bastante. É como se toda a Europa (ou os países que você escolheu) estivesse disponível para você: basta chegar a alguma estação e na hora pular em algum trem (mas deve verificar se existe reserva obrigatória), da mesma forma que pode descer em qualquer parada e conhecer vilarejos no meio do caminho, se assim desejar.

Quanto a custos, porém, um passe de trem não significa exatamente uma grande barbada, mas deve valer a pena se você for viajar por vários países, ou por várias cidades de um mesmo país, percorrendo longas distâncias, num período de tempo específico. Os passes podem ser escolhidos por dias consecutivos (bom para quem pretende viajar quase todo dia) ou por período flexível (ideal para quem pretende parar por mais tempo nas cidades, mas conhecer várias cidades num determinado período de tempo).

Além disso, os passes são formatados por regiões ou por país, com preços diferenciados por classe (primeira ou segunda), faixa etária (crianças até 12 e jovens até 27 anos ganham desconto) e grupos (2 a 5 pessoas viajando sempre juntas pagam menos). O passe top é o Eurail Global Pass, que praticamente inclui a Europa inteira (a grande exceção é o Reino Unido). Entre tantas possibilidades, pode custar 463 euros (5 dias de viagem dentro de um mês), 695 euros (10 dias dentro de 2 meses), 935 euros (um mês contínuo) ou, valor máximo (e maior período de viagens), 1.625 euros (3 meses contínuos) – tarifas para adulto em primeira classe. Um ponto ruim do passe é que você ainda precisa pagar por uma reserva nos muitos trens que a exigem (como os de alta velocidade e os noturnos), que pode custar de 10 a 100 euros, conforme o trem.

RAPIDINHAS:

Você pode entrar num trem até segundos antes de partir (não em alguns trajetos, como no Eurostar de Londres a Paris/Bruxelas), mas evite chegar em cima da hora às estações, pois você pode demorar até encontrar a plataforma de embarque. E saiba que os trens europeus são (quase) sempre pontuais.

Verifique sempre a estação de saída e a de chegada, pois costuma haver várias estações de trem numa mesma cidade. Não raramente, por uma confusão de nomes, turistas desavisados descem numa anterior à que deveriam descer. Por exemplo, ao chegar em Veneza, o trem primeiro costuma parar na estação Veneza Mestre – não saia do vagão como um desesperado, pois pode ser que a estação que você deva descer seja a seguinte, Veneza Santa Lucia.

Muitos trens contam com vagões-restaurantes, onde refeições e lanches podem não ser baratos. Se quiser economizar, improvise levando uma baguete, queijos, vinho... um piquenique no trem (mas sem muita farofada, hein?) pode ser muito saboroso!

Trens noturnos podem ser bons para ganhar tempo e economizar uma noite de hotel.

Viaje à noite e chegue pela manhã – mas saiba que muitas cidades europeias não acordam antes das 8h ou 9h da manhã: se chegar muito cedo, melhor esperar o dia começar tomando um café na estação de trem.

Viajar ao longo da noite pode significar uma boa economia, por outro lado, veja se o trajeto não é particularmente encantador; neste caso, melhor fazer durante o dia (ou ao menos ter horas de luz pela manhã ou à noite, no caso de um trem noturno) para apreciar a paisagem pela janela do trem.

Limite de volumes e de peso de bagagem não costuma ser problema nas viagens ferroviárias, diferentemente das aéreas, mas mesmo assim evite numerosos e grandes volumes, pois não costuma haver muito espaço nos trens (e vai tudo com você para o vagão). Normalmente acomoda-se a mala acima dos assentos, mas o espaço é limitado.

Não pense que por estar na Europa pode se descuidar da segurança; roubos em estações de trem – e nos próprios trens – acontecem, e não são tão raros como se pensa. Alguns vagões contam, nas suas extremidades, com suporte para bagagens; se for utilizar um desses, e seu assento não estiver muito perto, não deixe nada de valor na mala que estará distante dos seus olhos.

FABULOSOS TRAJETOS FERROVIÁRIOS NA EUROPA

NORUEGA: The Flam Railway. De Myrdal a Flam. Trecho curto, de uma hora, que sobe os verdejantes fiordes noruegueses; a paisagem é tão bonita que o "maquinista" faz uma parada ao longo do trajeto só para que os viajantes possam contemplar a vista. Para um trajeto completo de paisagens espetaculares, parta de Bergen, e inclua também os trechos Dombas–Andalsnes e Andalsnes–Geiranger.

SUÍÇA-ITÁLIA: The Bernina Express. De Chur a Tirano. Uma viagem pelos Alpes, subindo e descendo montanhas, que passa por dezenas de túneis e mais de uma centena de pontes, partindo de uma cidadezinha medieval suíça, chegando a um pitoresco vilarejo italiano. Na verdade, qualquer viagem pelos Alpes pode ser incrível, mas esse trajeto foi declarado pela UNESCO, em 2008, Patrimônio Mundial da Humanidade.

SUÍÇA: Glacier Express. De Zermatt a St. Moritz. Outra viagem essencialmente alpina (e tão bonita quanto a anterior), que, de tão cênica, tem o seu trem todo revestido de janelas panorâmicas. O trajeto começa numa cidadezinha aos pés do emblemático pico do Matterhorn (um dos símbolos da Suíça) e termina nas águas termais de um dos principais destinos de inverno na Europa.

SUÍÇA: The Cheese Chocolate Route. De Montreux a Broc. Para os amantes de paisagens, jazz, queijos e chocolate. Parte da cidade popularmente conhecida pelo festival de jazz, passando pelo lago Genova, e vai até a cidade medieval de Gruyères, terra do queijo de mesmo nome; de lá, se vai a Broc, onde fica a Maison Cailler, casa de um dos mais antigos e tradicionais chocolates suíços.

ITÁLIA: Cinque Terre. Entre Levanto e La Spezia. Apenas 20 km, 40 minutos, mas diante de uma paisagem arrebatadora: cinco coloridos e rústicos vilarejos situados junto a penhascos no mar da Ligúria, entre vinhedos e plantações de olivas. Trens regionais param em cada um dos cinco povoados.

FRANÇA: Le Train Jaune. De Villefranche-de-Conflent a Latour-de-Carol. Uma viagem curta, 63 km, em 3 horas, pelas vertiginosas montanhas dos Pirineus (Parc Naturel Régional des Pyrénées Catalanes), no sul da França, passando pela mais alta estação de trem francesa, Bolquère-Eyne, a 1.592 metros de altitude, e por uma bela ponte suspensa, a Pont Gisclard.

ESCÓCIA: The West Highland Line. De Glasgow para Fort William, e de lá à pequena cidade portuária de Mallaig. Uma viagem de 264 km pelas lendárias Highlands, com direito a passar por lagos, pontes, estações antigas e viadutos – incluindo o mágico viaduto de Glenfinnan, utilizado por Harry Potter no Expresso de Hogwarts.

ALEMANHA: Vale do Reno. De Koblenz a Mainz. Num trajeto pequeno, 60 km, percorrido em menos de 1 hora, essa romântica rota ferroviária, composta por castelos de contos de fadas, passa por umas das regiões mais bonitas da Alemanha.

ÁUSTRIA: De Innsbruck a Bludenz. A ferrovia que cruza o país de leste a oeste atravessa a célebre região do Tirol, nos íngremes trilhos dos Alpes austríacos, ao longo de 2h e 140 km. No trajeto, inúmeros vilarejos, viadutos, pontes e castelos – como o belo Castelo Weisberg.

SUÉCIA: Inlandsbanan. De Kristinehamn a Gallivare. Quer alcançar o Círculo Polar Ártico? Dá para chegar de trem, fazendo esse percurso, de sul a norte, 1.300 km, 14 horas, que atravessa desoladas áreas nativas onde se podem avistar alces e renas. Se desejar desbravar ainda mais ao norte, de Gallivare cruze para a Noruega rumo à Lapônia, no extremo norte da Escandinávia.

EUROPA: Orient-Express: De Londres ou Paris a Veneza e de Veneza a Istambul. Imortalizado na obra de Agatha Christie, o Expresso do Oriente é o atrativo em si: um trem de luxo, com mimos e mordomias (literalmente: há mordomos no trem), que busca reviver o glamour europeu do início do século 20. Quem sabe o assassinato de um milionário europeu não acontece a bordo e você se torna um dos suspeitos?

Trem na Ásia

As três maiores malhas ferroviárias da Ásia estão aqui: Rússia, China e Índia. O trem nessas nações não só é um indispensável meio de transporte – para vencer as gigantes dimensões territoriais – como também um importante elemento da cultura local, que deve ser vivenciado pelo viajante que deseja compreender esses países, esse continente.

RÚSSIA. Existe uma grande linha de trem, que começa na Europa e atravessa toda a Ásia: a Transiberiana, uma das maiores e mais emblemáticas linhas ferroviárias do mundo. São três rotas, todas partindo de Moscou: a Transiberiana propriamente, que termina em Vladivostok (alguém aí jogou WAR?), no extremo sudeste da Rússia (9.300 km); a Transmanchuriana, que entra na China e vai até Pequim (8.985 km); e a Transmongoliana, que atravessa a Mongólia de norte a sul e também termina na China (7.865 km).

Está em dúvida sobre qual delas fazer? Eu percorri a Transmongoliana e só não posso afirmar que é a mais interessante das três porque não viajei nas outras duas – mas seguramente digo: é uma excepcional incursão na cultura russa, uma oportunidade única de entender o papel que a distante região da Sibéria teve

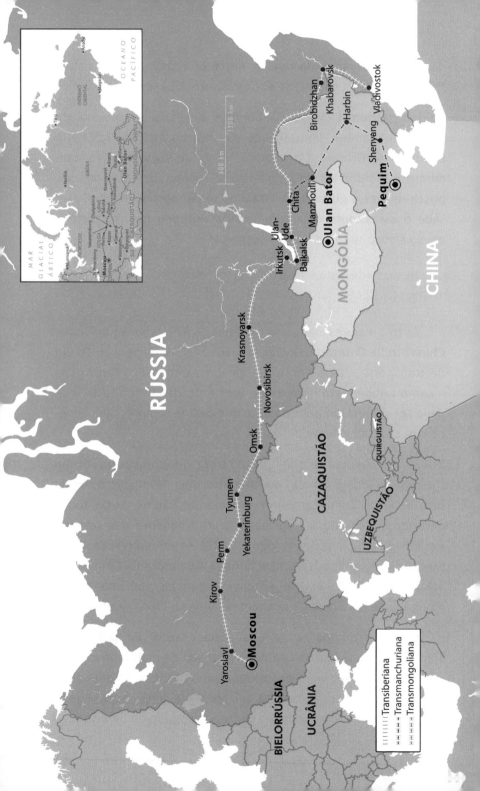

na história do país, com direito a visitar a China e, nesta rota, a Mongólia como bônus – este último, um país arrebatador, espremido entre os dois vizinhos, que tem pela ferrovia sua melhor chance de ser conhecido.

Dependendo da rota, a viagem toda atravessa até 8 fusos, e pode ser feita em até 6 ou 7 dias sem sair do trem (compra-se uma passagem única nesse caso). Eu parei em algumas cidades do caminho (comprando diferentes passagens, uma para cada trecho a percorrer) e levei 10 dias de Moscou a Ulan Bator (capital mongol). Acho que vale muito a pena descer em algumas cidades do trajeto, tanto para conhecer melhor os países, em especial a Rússia, como para... tomar banho (não há chuveiro no trem)!

O Transiberiano oferece apenas camas (não há assentos no trem): na primeira classe, cabine com duas camas; na segunda, quatro (duas camas-beliche); na terceira, não há cabines, apenas divisórias com quatro beliches e mais dois no corredor. Cada vagão conta com senhoras (às vezes são homens) atendentes, as chamadas *provodnitsas*, que são responsáveis por verificar o seu bilhete, fornecer os lençóis (incluídos na passagem), oferecer chá (pago à parte, 1 ou 2 dólares). Numa das extremidades de cada vagão existe um samovar, uma grande chaleira de água quente, sempre disponível gratuitamente; por isso, muitos viajantes passam a viagem inteira comendo miojo – miojo na janta, miojo no almoço, miojo no café! E bebendo vodka, claro! Mas não vi bêbedos nos trens, só gente muito espirituosa. Destaques da viagem são muitos, um deles, diria, o próprio povo – os russos são bem mais interessantes por aqui do que na capital. Quanto à paisagem, a região do lago Baikal, junto à belíssima cidade de Irkutsk, em plena Sibéria, é um dos pontos altos. No que se refere à História, o destaque é a visita, nos arredores de Perm, a um *gulag*, campo de trabalho forçado, a que prisioneiros políticos no regime soviético eram enviados (o acesso até lá é meio complicado, contate o russo Alexander pelo site permtours.com).

CHINA. Além da Transmanchuriana e da Transmongoliana, o país conta com várias outras linhas de trem. Pode-se dizer que, na China, o sistema ferroviário é bem mais moderno e eficiente do que o sistema aéreo, a malha de ferrovias se espalha por todo o país e contabiliza estações em quase todos os vilarejos. Viajei de trem pela China em 1994, e na época os trens já eram confortáveis. Hoje, deve ter melhorado ainda mais. O que provavelmente não mudou muito – o grande desafio de um viajante no país – é a comunicação. Poucos por lá falam inglês.

Diferentemente da Rússia, a China não oferece um site na língua inglesa para compras de passagem, e muito menos aceita pagamento com Visa ou Mastercard (o que é aceito na Rússia). Vai se aventurar pelo país? Suas chances são comprar em agências que vendem para estrangeiros (e cobram um pequeno ágio) ou tentar você mesmo nas estações – e aí é mais do que recomendável ter uma "cola" em mandarim (ou na língua chinesa da região) tudo o que você quer saber ou precisa informar ao atendente, como destino, dia, hora, classe, assento. E boa sorte!

ÍNDIA. Outro país com boa malha ferroviária; excetuando a região de Kashmir, ou Caxemira (em disputa com o Paquistão), no extremo norte, há trilhos por todo lugar. Existem diversos tipos de trem, dos mais rápidos e confortáveis, com ar-condicionado, aos mais lentos, antigos e superlotados, emblemas da pobreza que atinge boa parcela do país.

As estações indianas, sempre lotadas, são verdadeiras atrações – e prepare-se para ser você uma atração. Não é nada raro indianos ficarem em volta de você apenas observando um ser ocidental. Comece a conversar com um deles (ao menos falam inglês aqui), e outros virão apenas para observar um indiano interagindo com um ET. O ET é você. Ao menos eu era quando viajei por lá há alguns anos – e acho que isso não deve ter mudado muito.

Trem na África

Chega a ser uma ironia que o continente mais pobre do mundo ofereça as viagens de trem mais caras do planeta – claro que não para o povo local. Quantos africanos, afinal, pagariam 21 mil dólares para uma viagem de 15 dias? Sim, isso mesmo, a passagem custa quase R$ 70.000! OK, o trem é o lendário The Proud of Africa, e o trajeto é mais do que bacana: África do Sul, Botsuana, Zimbábue, Zâmbia e Tanzânia. Mas mesmo assim, né! Existem cabines mais acessíveis também, a partir de 12 mil dólares por pessoa... alivia saber que acomodação, comidas, bebidas e passeios estão incluídos nesses 15 dias – um verdadeiro cruzeiro ferroviário, acessível a poucos. O Proud of Africa também tem trajetos menores e mais baratos, como 3 dias na África do Sul por a partir de 1.400 dólares. Esta mesma rota, de Pretoria a Cidade do Cabo (Cape Town), conta com outro trem famoso e luxuoso – o Blue Train, na mesma média de preço.

Claro que isso não é o retrato ferroviário africano. Troque o luxo pela aventura, e você terá um cardápio de viagens sobre trilhos nesse continente. Trajeto similar aos mencionados, de Johannesburgo a Cape Town, pode ser feito no Shosholoza Meyl, por a partir de 50 dólares, o que é uma barganha comparado aos anteriores. Ao norte da África do Sul, no Zimbábue, você pode pegar um trem britânico da década de 50 e, pagando menos de 13 dólares por uma cabine na primeira classe, chegar até Victoria Falls.

É uma grande experiência viajar pela África de trem, o que é possível realizar com razoável conforto, se for em primeira classe – mas um trem e uma primeira classe africanos, trens antigos, genuínos, provavelmente com a ação do tempo aparente (bem diferentes dos luxuosos, restritos a poucos mortais), e com um conforto condizente ao padrão africano. As passagens ainda são caras para a população em geral, mas acessíveis à classe média ocidental. Não há rotas que cruzam o continente, mas você pode viajar de trem em países como Quênia (de Nairóbi a Mombasa), Marrocos (de Tanger a Marrakesh) e Egito (de Cairo a Luxor) – fiz a viagem nesse último, que começa mais Oriente Médio e, à medida que o trem desce, por vezes junto ao rio Nilo, vai se tornando mais África.

Trem na Oceania

Se o sistema ferroviário não dá a volta em toda a Austrália, atende as principais cidades e oferece grandes jornadas. A mais longa no país é no Indian Pacific, que, ao longo de 4.352 km e 3 dias, vai de Sydney a Perth, passando por Adelaide. Esta última cidade também é ponto de partida (ou chegada) para Darwin, cidade no extremo norte, viajando no The Ghan, trem que por 2.979 km e 2 noites cruza o país de sul a norte, passando por Alice Springs e pelo desértico centro geográfico do país. O ponto negativo da rede de trens australiana é que nem todas as linhas contam com a econômica classe de assentos reclináveis da chamada Red Service: muitos trens possuem apenas as confortáveis camas e beliches da bem mais cara Gold Sleepers – uma pena, num país tradicionalmente mochileiro.

A Nova Zelândia também tem três de suas principais cidades, Auckland, Wellington e Christchurch, conectadas por linhas ferroviárias. Ainda de trem – um ótimo meio de transporte para apreciar as belezas desse país insular – se chega a cartões-postais, como o Tongariro National Park e a costa oeste de Greymouth.

Trem na América do Norte

Não deixa de ser uma barganha: os Estados Unidos podem ser atravessados de costa a costa por menos de 200 dólares – além do preço acessível, a garantia de uma excepcional viagem de quase 5 mil quilômetros, percorridos em não menos que 3 dias, em diferentes possíveis rotas, sempre passando por grandes cidades americanas. Em um dia pode-se ir de Nova York a Chicago e em outros dois, de Chicago à Califórnia (Los Angeles ou São Francisco), ou, mantendo-se no Norte, de Chicago a Seattle.

O sistema ferroviário do país é operado pela National Railroad Passenger Corporation, ou Amtrak para os íntimos, que oferece trens rápidos, confortáveis, diferentes classes (de econômicos assentos reclináveis a confortáveis camas-beliche), tickets especiais prevendo determinado número de paradas em dias específicos (como passes de trem) – e a chance de passar por quase todas as cidades do país e por cenários dignos de cinema, incluindo estados famosos como Nebraska, Kansas e Arizona. É uma valiosa oportunidade de, mais do que apenas visitar Miami ou Nova York, desbravar a terra de Elvis Presley e Michael Jackson.

Para conhecer mesmo os Estados Unidos de trem, as melhores rotas são certamente as transcontinentais, e, entre dois trajetos impressionantes, a partir de Chicago, a maior dúvida é qual escolher:

California Zephyr, rumo a São Francisco. O destino final já é bem interessante, mas ainda mais bacana é a própria viagem, durante a qual se vai curtindo uma paisagem espetacular, estrelando os campos de Nebraska; a cadeia montanhosa de Rocky Mountains (vulgo The Rockies), no noroeste americano; os rios e vales verdejantes do Colorado e as montanhas de Sierra Nevada.

Southwest Chief, rumo a Los Angeles. Um trajeto que passa pela ferrovia de Santa Fé, junto à lendária estrada da Route 66 e pelo não menos famoso Grand Canyon – é possível descer no caminho e conhecer o fantástico cânion. Tudo com direito a ovos com bacon no café da manhã do trem, para não ter dúvidas sobre em que país você se encontra.

A Amtrak até chega ao Canadá, a cidades próximas à fronteira com os Estados Unidos, mas os canadenses têm o seu próprio sistema ferroviário, o VIA Rail Canada, que alcança as principais localidades do país, ainda que com uma malha bem menor do que a do vizinho. No Sudeste, onde ficam as importantes cidades de Toronto, Montreal, Quebec e Ottawa, operam os trens Intercity, que perfazem trajetos de poucas horas.

Já de Toronto rumo a Vancouver, de leste a oeste, aí o "bicho viajante" pega, no trem conhecido como *The Canadian*, que atravessa todo o território do Atlântico ao Pacífico. Viajar por aqui é mais caro do que nos Estados Unidos e, se a rota completa, de costa a costa, lhe parecer muito cara (a partir de US$ 350, em assento), longa (4.466 km) ou demorada (4 dias e 3 noites), vá direto ao trecho mais excitante: o percurso de Jasper a Vancouver (18 horas, 1 dia e 1 noite de viagem, a partir de US$ 100), que passa pelas Montanhas Rochosas canadenses, em meio a lagos, bosques e montanhas, aquele cenário idílico tantas vezes associado ao Canadá, mas encontrado basicamente nas províncias de Alberta e British Columbia. E o trem colabora: além de confortável (especialmente as cabines com banheiro privativo), conta com grandes janelões e, em alguns vagões, teto de vidro, propiciando ao viajante uma visão ampla da paisagem. No Brasil, você pode reservar e saber mais dessa viagem pelo site canadadetrem.com.br.

TURISTA ACIDENTAL
DE TREM PELOS STATES,
POR NARA ALVES

"O busão da Greyhound é a maneira mais barata de se viajar pelos Estados Unidos, mas é um horror, sem assentos marcados, uma farofada. A cada parada, passageiros já embarcados descem e recebem um bilhete de reembarque para que possam subir novamente antes dos novos passageiros, que aguardam nas rodoviárias se lambuzando de frango frito. Queremos gastar o mínimo possível, sempre. Mas nem tanto. Cruz credo. Traumatizados, compramos bilhetes de trem, a segunda forma mais barata de se viajar pelos EUA. A *Amtrak* oferece tickets para quem quer ir a muitos lugares no país (e no Canadá). Nós optamos pelo ticket de 8 paradas em 15 dias por 455 dólares. Dá a bagatela de 57 dólares por trecho. No ônibus do terror pagamos 70 dólares. Um voo da United sairia por 115 dólares. Ou seja, no atacado, o trem sai mais barato nesse desafio intermodal. A diferença entre ônibus e trem é brutal. O trem tem assentos confortáveis, apoio para os pés, cortinas nas janelas e mesinha retrátil, como no avião. É um ambiente mais civilizado, ufa. Ô trem bão, sô! Trem é melhor que avião. No trem é possível curtir a paisagem, circular pelos vagões, ir até a lanchonete, comer uma pizza sentado à mesa. Dá para tirar vantagem da nossa principal vantagem: o tempo. No total, nossas bundas ficaram pregadas nas poltronas dos trens por 80 horas, ou 3,3 dias, nas duas semanas seguintes. Foi o bastante para contemplar da janela as quinhentas mil, quatrocentos e trinta e nove cidadezicas pelo caminho, as dezenas de bosques, parques industriais, casas abandonadas, acampamentos de trailers, fazendas de piscicultura, rolos de feno, plantações de milho."

Trecho do livro "66 histórias de uma volta ao mundo", de Nara Alves, publicado em dezembro de 2016, pela editora O Viajante

TRANSPORTES **197**

O México padece do mesmo mal que o Brasil: não tem ferrovias. Mas, para não dizer que o país não usufrui de nenhuma linha de trem, há uma rota turística, a Cooper Canyon, cujo Tren Chepe vai de Chihuahua a Los Mochis, no noroeste do país. O trajeto, de 653 km, atravessa uma região de vales, cânions, desfiladeiros e para em muitas cidadezinhas pelo caminho, levando 16 horas de viagem. As partidas são bem cedo pela manhã, e as chegadas, à noite; passagens a partir de US$ 78.

Trem na América do Sul

Nada de malhas ferroviárias expressivas em nosso continente, e zero conexões entre os países, como acontece na Europa. O trajeto mais importante, sem dúvida, é o que vai de Cusco a Machu Picchu, no Peru. Essa rota é, evidentemente, bastante turística (diria "exclusivamente", até porque os nativos viajam num trem local, menos confortável e bem mais barato), e assim a passagem, embora seja um trajeto de apenas pouco mais de 3 horas, não custa menos de 84 dólares – isso no trem Expedition, porque no Hiram Bingham o ticket chega a 500 dólares. Hiram Bingham foi o descobridor das ruínas de Machu Picchu, em 1911; hoje seu nome batiza o trem de luxo que recria a ambientação dos anos 20 e inclui música ao vivo e oferece brunch ou chá da tarde e jantar preparados por chefs. No Expedition e no Vistadome (trem que propicia vagões panorâmicos com janelões que vão até o teto), é possível partir de Ollantaytambo, na região do Vale Sagrado, onde a passagem custa um pouco menos e o número de partidas é maior.

A principal operadora do sistema ferroviário no país é a PeruRail, que faz os trajetos de Cusco a Arequipa (cidade base para explorar o Cañon del Colca) e de Cusco a Puno (cidade base para explorar o lago Titicaca, na fronteira com a Bolívia). A empresa Ferrocarril Central Andino opera outro trecho, de Lima a Huancayo, basicamente uma viagem turística, de 14 horas, que vai da capital peruana às montanhas andinas.

A Argentina possui um punhado de trajetos ferroviários, como os que partem de Buenos Aires e vão a Córdoba, a Mar del Plata e a Bahia Blanca, além do Tren de la Costa a Tigre, que é mais um passeio turístico à cidadezinha de Tigre, nos arredores da capital portenha. Viagem turística ainda mais famosa é o Tren a las Nubes, que vai de Salta, no noroeste argentino, a 1.200 metros de altitude, ao viaduto de La Polvorilla, a 4.200 metros – daí o nome, Trem para as Nuvens, já que a subida de altitude faz parecer uma viagem pelos céus. A jornada que, ao longo de 16 horas passa por pequenos povoados, como San Antonio de los Cobres, é um dos grandes atrativos da região. Entretanto, não raramente esse trem apresenta algum tipo de problema, e a rota é suspensa; portanto, é bom confirmar, antes de sua viagem, se está funcionando normalmente.

No sul da Argentina, na Terra do Fogo, o Ferrocarril Austral Fueguino é uma locomotiva a vapor conhecida como El Tren del Fin del Mundo, ou o Trem do Fim do Mundo, que percorre um pequeno trecho de menos de 1 hora, de Ushuaia ao Parque Nacional Terra do Fogo, passando por um cenário de rios, bosques e montanhas.

No Chile, há linhas de trem de Santiago para Curicó, Talca, Chillán, Concepción, nada de realmente expressivo, nem as cidades de destino, nem os percursos. Também há um pequeno trecho entre Viña del Mar e Valparaiso, mas este é mais um metrô de superfície. No Uruguai, há um trajeto urbano, com saídas irregulares, de Montevidéu à região de Pallermo, subúrbio da capital. No Paraguai, nem isso, zero trens.

Já na Bolívia roda o lendário Trem da Morte, que parte de Puerto Quijarro, na fronteira brasileira de Corumbá (MS) e vai à cidade de Santa Cruz de la Sierra. A origem do nome "trem da morte" é incerta: alguns atribuem aos constantes descarrilamentos que havia no passado; outros, ao fato de o percurso ter sido rota de tráfico de drogas entre Bolívia e Brasil. E o trajeto, que levava em torno de 24 horas (ou mais, se houvesse problema ao longo do caminho – e não raramente havia), era feito em trens lotados de bolivianas em trajes típicos e de cachorros, porcos, galinhas nos vagões – ou seja, bem diferente de rotas turísticas encontradas nos outros países. Tudo isso ajudou a mitificar a rota. Lembro que quando fiz essa viagem, no início dos anos 2000, perguntei a um senhor boliviano o porquê desse nome, trem da morte, e ele, com um sorriso desdentado, rapidamente respondeu: "porque quem chega vivo agradece".

Fantástico! O povo local sempre é um dos principais atrativos de qualquer viagem! Mas voltando ao Trem da Morte, hoje todos chegam vivos, e quem viajar na expectativa de uma grande aventura ferroviária talvez se decepcione. Os trens foram modernizados (mas também não taanto assim): ganharam ar--condicionado, poltronas mais confortáveis, restaurante. Há até uma linha (Ferrobús) com cama e serviço de bordo, saindo em alguns dias da semana; além de proporcionar mais comodidade, essa linha é mais rápida, visto que leva 13 horas para fazer o percurso, enquanto a linha tradicional, o Expresso Oriental, com os vagões SuperPullman, leva 16h40.

Embora não seja mais tão "da morte" como no passado, este trem continua a ser um modo mochileiro (e eficiente) de começar uma viagem pela América do Sul andina. Ainda no Brasil, você deve ir até Campo Grande, capital do Mato Grosso do Sul; pegar um ônibus até a cidade de Corumbá (6h ou 7h de viagem); tomar um táxi até a fronteira; atravessar a fronteira a pé e, já na Bolívia, em Quijarro, pegar o trem. O Expresso Oriental parte terças, quintas e domingos, às 13h (chega a Santa Cruz às 5h40), e custa 100 bolivianos, menos de 50 reais; o Ferrobús, às segundas, quartas e sextas, às 18h (chega às 7h), e custa 235 bolivianos, ou 115 reais.

Claro que tudo isso deve ser checado antes de você viajar, mas vale informar aqui para você ter uma ideia de como pode ser barata – e um barato! (Perdoe a gíria meio ultrapassada...) – esta que é ainda uma das mais emblemáticas viagens de trem da América do Sul.

Mais ao norte do continente existem algumas rotas interessantes. No Equador, há a popular linha que vai de Guayaquil (na verdade, de Durán, cidade vizinha) a Quito, um trajeto de 446 km que parte do nível do mar e chega nas montanhas andinas, em picos que alcançam os 3.000 metros de altitude. O trajeto montanhoso, repleto de curvas, levou a literatura de viagem a classificá-lo de "a mais difícil ferrovia do mundo". Hoje a rota se sofisticou e ganhou trens de luxo (o Tren Crucero), que realiza as viagens em 4 dias e 4 noites; os bilhetes custam 1.650 dólares (dólar estadunidense mesmo, que é a moeda equatoriana).

Existem várias outras linhas de trem no país, mais acessíveis e levando bem menos tempo – na verdade, são pequenas frações do percurso anterior. Entre elas, o Tren de los Vulcanes, que percorre a Avenida dos Vulcões, trajeto que passa por alguns dos famosos vulcões equatorianos (existem diferentes rotas, a partir de 41 dólares); e o Nariz de Diablo, que vai de Alausí a Sibambe, voltando a Alausí, e enfrenta um dos mais desafiadores trechos do percurso: um zigue-zague de 500 metros de desnível construído em montanhas de paredões quase perpendiculares (2h30, 32 dólares).

A Colômbia não possui muitos trajetos ferroviários, mas um merece destaque: Bogotá – Zipaquirá, uma distância de pouco mais de 50 km da capital à cidade onde fica a famosa Catedral de Sal. A viagem é praticamente um passeio para visitar a igreja emblemática e voltar; funciona apenas sábados, domingos e feriados, partida às 8h15, chegada às 17h30 e custa 55 pesos colombianos (em torno de 65 reais).

A Venezuela conta com algumas poucas linhas de trem, como a de Caracas até El Sombrero. Muitas linhas estão em obras, que parecem intermináveis, e, coincidência ou não, muitas dessas obras são da brasileira Odebrecht... Guiana, Suriname e Guiana Francesa, em seus diminutos territórios, situados na região amazônica, possuem pequenos trajetos ferroviários a partir de suas capitais.

Trem no Brasil

Como sabemos, o Brasil não é melhor do que a maioria dos países sul-americanos no que se refere a viagens de trem. Infelizmente, é impossível viajar ao longo do nosso país com este belo meio de transporte – nossos governantes, por anos e anos no poder, foram incapazes de investir no sistema ferroviário do país. Entretanto, existem pequenos trechos isolados, a maioria de enfoque turístico, ligando cidades de um mesmo estado.

O trajeto mais relevante, por cruzar dois estados brasileiros e também por ser o mais longo do país (664 km), é o que vai de Belo Horizonte (MG) a Cariacica (ES), na região metropolitana de Vitória – uma viagem realmente para passageiros e não apenas turistas. A paisagem do caminho oferece serras, campos, vilarejos e estações antigas. No estado de Minas Gerais, há o pequeno trajeto de 13 km que conecta São João del-Rei a Tiradentes, um percurso de cidades históricas. E no Espírito Santo, pode-se ir de Viana a Araguaia, 46 km que passam pelas serras capixabas.

Ainda no Sudeste brasileiro, o estado de São Paulo promove uma viagem de trem de Campinas a Jaguariúna, 24 km numa antiga locomotiva; proporciona também um passeio o trajeto de Pindamonhangaba a Campos do Jordão, 47 km, que passa pelo Vale do Lajeado, pela Pedra do Baú e pelo Parque Reino das Águas Claras.

Na região Sul, no Paraná, se percorre uma das linhas férreas mais bacanas do Brasil: o trajeto de trem que vai de Curitiba a Morretes – um passeio de 110 km pela Serra do Mar. O percurso passa pelo Parque Estadual de Marumbi, com direito à densa vegetação nativa da Mata Atlântica, a campos de altitude, e ainda a montanhas, cachoeiras, muitas curvas, túneis, pontes, viadutos e impressionantes vistas panorâmicas. No Rio Grande do Sul, há o Trem do Vinho, que vai de Bento Gonçalves a Carlos Barbosa, 23 km, passando por Garibaldi, terra do espumante. Nos pontos de paradas, nas estações, rolam apresentações de danças típicas dos imigrantes italianos e degustação de queijos e vinhos (ou espumantes).

No Centro-Oeste, há o chamado Trem do Pantanal, que vai de Campo Grande a Miranda, no Mato Grosso do Sul. O trajeto, de 130 km, atravessa as serras de Maracaju e Boquena, uma região verde, com rios e cachoeiras. No Norte do país, no estado do Amapá, roda o Trem para a Serra do Navio, um trecho de 194 km, que cruza alguns povoados e passa por algumas empresas de extração de minério na região.

NAVIO

Existe todo um glamour com as viagens de navio. Pudera: a bordo de verdadeiros hotéis 5 estrelas, o viajante realiza percursos, de alguns dias ou semanas, que passam por lugares incríveis. Na verdade, mais importante do que passar um tempo no destino, por mais incrível que seja, é passar o tempo no transporte – ao menos para o passageiro que escolheu viajar pelos mares. Um legítimo caso do meio ser mais valorizado do que o fim.

Cruzeiros podem percorrer o litoral brasileiro, partir da costa sul-americana em direção à Patagônia, ir do Canadá ao Alasca ou atravessar o Oceano Atlântico. O que todos têm em comum – ao menos na concepção turística do que é um cruzeiro (geralmente navios grandiosos, confortáveis e luxuosos, às vezes com mais de 5 mil passageiros e 2 mil tripulantes) – são as atrações a bordo, como shows, aulas de dança, jogos de bingo, cassino e festas temáticas, além da boa infraestrutura para atividades de lazer: piscinas, cinema, teatro, academia, lojas free-shops. Contam ainda com dezenas de bares e restaurantes, de proa (parte da frente do navio) a popa (parte de trás), de diferentes estilos e de variadas especialidades gastronômicas.

Um espetáculo à parte ocorre à noite: os passageiros desfrutam de jantares temáticos ao longo da viagem (todas as refeições incluídas; bebidas, nem sempre), que têm como grande evento o "jantar com o Capitão", para o qual é requisitado traje de gala (mas há quem vá de calça jeans). Portanto, roupas chiques costumam fazer parte da mala de quem pretende viajar num desses navios. Mas claro, nem todo cruzeiro tem essa pompa toda.

E há ainda as atrações naturais, que podem constituir os momentos inesquecíveis da viagem, como um belo pôr do sol no mar, golfinhos saltitantes acompanhando parte do trajeto ou um céu estrelado, livre de qualquer poluição urbana. Além de todos esses divertimentos, se tem a chance de conhecer outros viajantes ao longo do percurso.

Por tudo isso, não é de estranhar que muita gente, ao chegar àquele lugar incrível que faz parte do trajeto, nem se importa de ficar por apenas poucas horas no local – e que alguns nem fazem questão de descer da embarcação. Para quem desembarcar, recomenda-se bastante atenção para a hora de voltar ao porto, pois os horários de partida são sagrados, e o navio não espera.

Alguma das principais empresas de cruzeiros que operam no Brasil são MSC Cruzeiros, Costa Cruzeiros e Pullmantur. Além dos sites dessas companhias, você também pode pesquisar em agências especializadas em viagens de navio, como DreamLines, CVC Viagens e LogiTravel. Um site (dos EUA) que costuma oferecer boas ofertas é o www.cruise.com, onde se consegue um cruzeiro de 7 dias pelo Caribe por a partir de 400 dólares, o equivalente a 170 reais a noite, mas saindo de Miami.

Numa linha mais aventureira, é possível viajar em navios cargueiros, como passageiro, numa cabine privada – mas ao invés de encontrar entretenimento a bordo, o que há são contêineres e mais contêineres. O valor cobrado é por dia de viagem, em torno de 100 euros (ou 375 reais), o que, se for um trajeto longo, pode não ser muito vantajoso – deve valer mais pelo diferencial da viagem do que por uma grande economia propriamente. Caso se interesse, veja mais em www.freightercruises.com.

Nem oito nem oitenta. Nem toda viagem de cruzeiro sem luxo precisa ser tão alternativa assim, e nem todo navio precisa oferecer tanta mordomia – principalmente quando o destino final conta, sim, tanto ou mais do que o meio com o qual você vai até lá.

Fiz uma viagem de cinco dias por Galápagos, o estupendo arquipélago do Equador, dono de uma rica fauna e de uma biodiversidade sem igual no mundo; a cada dia, o navio parava próximo a uma ou duas ilhas (às quais chegávamos por um bote). O navio era bom, o propósito da viagem era turístico, a cabine era básica mas com algum conforto, as refeições eram todas incluídas – mas não havia nenhuma piscina, nenhum show a bordo, nada de festas temáticas, e claro que ninguém se importava com isso. O Oceano Pacífico era a nossa piscina, as tartarugas gigantes eram o show, e os pássaros que nos sobrevoavam, a festa. Viajar pelos mares vale muito a pena, apenas defina o seu tipo embarcação: se prefere um navio sem luxo ou um cruzeiro com mordomias; se prefere o fim ou o meio.

BICICLETA

Encarar uma estrada viajando sobre duas rodas numa magrela depende de quatro fatores: uma (boa) bicicleta, condicionamento físico, planejamento e iniciativa. Já tive a experiência de pedalar, em viagens, por alguns trechos (sempre em bikes alugadas) – e a sensação de liberdade, com o vento no rosto, é maravilhosa. Mas não sou um expert em ciclismo, então deixo a viajante

Luciana Barro, que já fez várias viagens de bicicleta (inclusive internacional, do Brasil ao Uruguai) dar sequência no assunto, com as dicas a seguir:

A bicicleta

→ Viaje com a bicicleta revisada e em condições, sempre.

→ Tenha conhecimento básico de mecânica ciclística: troca de pneu, regulagem de freios e ajustes de marcha. Normalmente, mesmo em cidades pequenas, existem oficinas de bicicleta que podem ajudar com problemas inesperados, porém é bastante aconselhável que você possa se virar sozinho.

→ Não deixe de levar câmaras reservas (em viagens de até uma semana, pelo menos 1 câmara), remendo para pneu, bomba de ar (para encher pneu), kit completo de ferramentas (que inclua chave de corrente), óleo para corrente, power link (elo removível para correntes de bicicleta, útil para troca de corrente), silver tape (fita adesiva para reparos em geral), abraçadeira em nylon (popularmente conhecida como "enforca gato", que também pode ser útil em reparos).

→ Pedale sempre com capacete, luvas, óculos de sol, artigos indispensáveis.

→ Tenha ainda um alforje, um tipo de bolsa dividido em duas partes (preferencialmente tendo o peso distribuído entre elas) para acoplar no bagageiro da bicicleta.

→ Se a sua viagem envolver o transporte da bicicleta num avião, informe-se previamente com a companhia aérea antes de comprar a passagem, para evitar transtornos na hora do embarque. A maioria das empresas aéreas permite o transporte de bicicletas mediante uma taxa adicional, mas é bom confirmar.

➜ Saiba os procedimentos para levar a bicicleta no avião: afrouxar os pedais ou torcê-los de maneira que fiquem virados para dentro; desmontar a roda dianteira e fixá-la no quadro (que é o esqueleto da bicicleta), esvaziar os pneus; alinhar o guidão paralelamente ao quadro e fixar nesta posição; enrolar tudo com plástico bolha. É possível usar uma mala bike ou uma caixa de papelão para o transporte.

Condicionamento físico

➜ Avalie a sua resistência; antes de encarar a aventura, verifique quantas horas seguidas você consegue pedalar confortavelmente. Após estes testes, programe sua viagem.

➜ Antes de partir para uma grande viagem, faça viagens de finais de semana. E pedale algumas vezes com alforjes para testar uma bicicleta carregada (pois a percepção é diferente da de pedalar com uma bicicleta sem peso).

➜ Informe-se sobre as diferenças de altitude entre o ponto de partida e o destino. Trinta quilômetros de subida são mais difíceis que 100 quilômetros no plano.

Bagagem

➜ Lembre-se que quem carrega o peso é você!

➜ Programe as roupas conforme a quantidade de dias que ficará fora. Quem viaja de bicicleta usa a mesma roupa de pedal por 2 ou 3 dias seguidos. As camisetas e roupas íntimas podem ser lavadas e secadas durante a noite, ou "penduradas" na bicicleta no dia seguinte.

→ Para a noite, tenha sempre uma roupa limpa e seca para dormir.

→ Leve também roupas técnicas: uma camisa térmica (que expele o suor deixando o corpo quente e aquecido), capa de chuva e corta-vento, ao menos, são essenciais.

→ Existem alforjes impermeáveis e capas de proteção, mas a dica de ouro é: coloque suas roupas dentro de grandes sacos de lixo – isso vai protegê-las tanto de chuva quanto de pó.

→ Leve produtos de higiene pessoal em potes pequenos, e não se esqueça de protetor solar e labial; tenha também um pequeno kit de socorros.

→ Invista numa bolsa de guidão, onde você pode deixar o roteiro da viagem, mapa, celular, documentos e tudo que for preciso estar facilmente à mão.

Comida

→ Organize-se em relação a água. Se os trajetos a serem percorridos forem desertos, sem mercadinhos no caminho, leve água suficiente para o dia.

→ Sempre tenha algum lanche, mesmo que sua viagem seja em locais com estrutura.

→ Leve frutas desidratadas (não estragam e são fáceis de carregar), mariola, oleaginosas (nozes e castanhas), pão e queijo em pedaço, ovo cozido, palitinhos salgados e algum doce (amendoim, pé de moleque, mel).

→ Faça sempre, pelo menos, uma grande e boa refeição por dia.

Roteiro

→ Trace seu roteiro, determine a quilometragem a ser percorrida por dia e preveja os locais de parada para dormir.

→ Considere os caminhos demarcados (autoguiados), preparados para receber cicloturistas. No Brasil, os mais conhecidos são o Circuito do Vale Europeu (SC), Estrada Real (MG), Estrada da Fé (SP), Circuito das Montanhas e Cascatas (RS). Acompanhe também o Clube de Cicloturismo Brasileiro (www.clubedecicloturismo.com.br) para conhecer outros trajetos e saber da experiência de viajantes ciclistas.

→ Por segurança, compartilhe seu roteiro com algum amigo ou familiar.

→ Falando em segurança, ao viajar acampando, procure lugares seguros para dormir. Na falta de camping é possível pedir autorização e dormir próximo a postos de gasolina, restaurantes 24 horas ou corpo de bombeiros.

→ Utilize o melhor GPS - Gente que Passa Sabe!

Iniciativa

→ Prepare-se, pegue sua bicicleta e vá! Você consegue!

CARONA

No mundo perfeito, viajar de carona é tudo de bom: você viaja sem se preocupar com o carro, não precisa prestar atenção na estrada, conhece outros viajantes e, a cereja do bolo, economiza por não pagar passagem.

Vamos à realidade: pode ser difícil e demorado conseguir uma carona, os outros viajantes podem não ser tão legais assim, talvez você tenha que compartilhar os custos da viagem e, a cereja estragada do bolo mofado, andar de carona não é nada seguro.

Como já viajei muito de carona (verdade que, na maioria das vezes, foi nos anos 80 e 90, quando eu tinha meus 17, 20 e poucos anos, era despreocupado, e o mundo era mais tranquilo), gosto de pensar que esse bolo com a tal cereja ainda é apetitoso. Então vamos à receita:

Primeiro, pedir carona: ora de saudar a tecnologia e os aplicativos de carona. Existem vários apps atualmente que mostram motoristas, que, a bordo dos seus carros, vão da cidade A para a cidade B, na data Z, com passageiros interessados na tríade ABZ. Aí é só combinarem um encontro no ponto M e o pagamento de X – sim, as caronas compartilhadas de aplicativos também compartilham os custos (ou parte deles) de viagem. Dois dos aplicativos mais populares hoje em dia são o BlaBlaCar e o BeepMe, ambos operando em vários países.

Mas nem sempre dá para seguir o caminho da tecnologia, ou porque você está sem internet, ou porque nem todo motorista vai estar cadastrado num desses apps ou simplesmente porque não deu: você precisa ir a B agora mesmo, e a data Z é já. O ideal, então, é você perguntar no local em que estiver (principalmente se for um hotel ou albergue) se há alguém indo para o lugar (ou ao menos próximo) a que você está se dirigindo.

Não rolou no hotel, vale tentar nos estacionamentos de restaurantes, de shoppings e em postos de gasolina (especialmente com caminhoneiros), abordando gentilmente os motoristas. Nada disso funcionou; então resta o formato mais genuíno: parar no acostamento de uma estrada e recorrer ao clássico símbolo da mãozinha com o polegar estendido.

Veja bem: não estou recomendando isso. Não quero ninguém brigando comigo por supostamente eu ter recomendado viajar no carro de um desconhecido. Carona não é um meio seguro, ponto. O que posso falar, para quem considera utilizar (sabemos que em determinados momentos, sem transporte público ou com pouca grana, essa pode ser a única alternativa para sair do lugar), são formas de minimizar a insegurança.

Então: tenha seu sexto (e sétimo, oitavo...) sentido bem ligado; se, ao abordar o motorista, você não for com a cara, desista. Se ele já aceitou levar você, mas não rolou uma sensação mínima de segurança, desista. Não importa que vai ficar chato, desista. Invente uma desculpa qualquer (tipo, diga que o celular está vibrando, atenda e simule uma rápida conversa com um amigo que estaria vindo pegar você) e espere outro carro. Ou simplesmente desista de caronear, pois de repente isso não é para você. É muito ruim passar uma viagem inteira desconfortável por não se sentir à vontade com o motorista.

Falando nele, ou nela, motoristas mulheres inspiram mais confiança. Um casal também (principalmente se forem mais velhos, acima dos 60 anos). Mas evite três ou mais pessoas no veículo, exceto se forem crianças no banco trás. Dois homens no carro, só se o sexto e o sétimo sentidos estiverem bem afiados (garota, use até o seu décimo sentido, ou simplesmente evite).

Se a caranga for muito velha ou parecer demasiadamente bagunçada por dentro (aproveite para observar naquela rápida espiada quando você se inclina para falar com o motorista), evite. Claro que um serial killer pode ter um carro do ano, com bancos de couro, tudo limpinho e organizado, mas um veículo caótico, não se pode negar, torna a viagem bem menos agradável.

O mais comum mesmo é que um cidadão do bem acabe parando, em parte penalizado por você ficar esperando na estrada, em parte por querer uma companhia para conversar. Então, converse na medida: nada de ligar a matraca e falar sem parar, nem de ficar antipaticamente mudo ou monossilábico. Se o motorista não for de muita conversa, OK, mas tome a iniciativa, tente levar um papo. E, só por segurança, quando o carro parar, procure anotar (ou fotografar) a placa do carro – e mande uma mensagem de texto com o número da placa a algum conhecido seu.

Conseguir a carona pode ser um martírio – simplesmente pelo fato de os carros não pararem. Sobre isso, algumas dicas rápidas:

→ Esteja bem visível, onde o motorista, já a certa distância, possa enxergá-lo e rapidamente amadurecer a ideia de parar o carro e aceitar o seu pedido de carona.

→ Certifique-se de que está num ponto onde os veículos podem diminuir a velocidade e parar – numa movimentada autoestrada, por exemplo, ou próximo a uma curva, isso seria bem difícil.

→ Se você estiver acompanhado, principalmente de dois homens, será mais difícil conseguir. Talvez seja conveniente um deles se afastar um pouco na hora de pedir a carona.

→ Procure sempre se informar se naquele país, naquela cidade, naquela estrada, naquele ponto, é comum dar e pedir carona. Se for, beleza; se não... bem, você ainda pode tentar. De modo geral, na Europa e nos Estados Unidos é relativamente comum; na América do Sul, menos (mas na Argentina, em especial na Patagônia, a carona é bem popular), e no Brasil, em particular, menos ainda.

→ Estipule um tempo de espera; passar horas e horas sob o sol com o polegar estendido só vai lhe cansar e, ainda pior, irritar.

→ Se quiser, troque o polegar por um pedaço de papelão com o nome do destino nitidamente escrito. Talvez ajude.

→ E o mais importante: sorria, demonstre sempre simpatia. Tá, pode também fazer uma ligeira cara de "putz, tô aqui esperando há horas, me dá essa carona, vai!".

5 ECONOMIA

5 ECONOMIA

PARTIR GASTANDO POUCO

Você pode viajar sem gastar muito: basta saber de alguns macetes, de que você pode se valer desde o planejamento – já na escolha do destino e da melhor época para partir – até o final da sua viagem. Se o problema é grana curta, não tem mais problema. Confira as dicas a seguir e veja como, com boa vontade, disposição e criatividade, você conseguirá poupar o seu suado dinheirinho.

POR ONDE VIAJAR

BRASIL: não conheço nenhuma cidade ou região turística sobre a qual se possa dizer: "esta é muito barata"; o que existe são localidades de grande oferta na hotelaria, nas quais os hotéis, em razão da competividade, oferecem descontos nas diárias e disponibilizam pacotes acessíveis (que frequentemente incluem, além da acomodação, a passagem aérea). Alguns desses locais são Maragogi (AL), Porto de Galinhas (PE), João Pessoa (PB), Aracaju (SE), São Luiz (MA), Porto Seguro (BA), Guarapari (ES), Foz do Iguaçu (PR). Entre as capitais do Sul e Sudeste, São Paulo (SP), com muitos albergues, vários com boas tarifas; Vitória (ES), em geral acessível; Florianópolis (SC), barata na baixa temporada; Porto Alegre (RS), onde se consegue almoçar em bons bufês livres por a partir de 16 reais.

AMÉRICA DO SUL: Bolívia, para onde se pode ir até de trem, o Trem da Morte, e Peru, hoje em dia menos barato, mas ainda OK (exceto Machu Picchu, turístico e caro). Alguns viajantes consideram o Equador, mas a moeda lá é o dólar americano, e não acho que a diferença de câmbio seja tão favorável para chamar o país de barato. Outros destinos bacanas, como Uruguai, Argentina, Chile e Colômbia têm os preços mais ou menos comparáveis ao Brasil.

AMÉRICA CENTRAL: Nicarágua, Honduras, El Salvador e Guatemala. No Caribe, na parte costeira das ilhas, tudo é um pouco mais caro, mas você frequentemente encontra promoções de voos para paraísos como Punta Cana (na República Dominicana) ou San Andrés (posse de um país sul-americano, a Colômbia). Viajando de forma independente, em Cuba você (ainda) acha algumas praias com bons preços, como Varadero e outras menos conhecidas.

AMÉRICA DO NORTE: México, a grande barbada, onde você pode encontrar boas ofertas tanto na capital, Cidade do México, como na popular praia de Cancun, no Caribe. Nos Estados Unidos, entre os locais mais turísticos, Miami e Orlando/Disney eventualmente apresentam boas ofertas; Las Vegas oferece hotéis-cassinos por preços razoáveis – os caras não querem ganhar o seu dinheiro na diária do hotel, e sim nas roletas e caça-níqueis.

EUROPA: o Leste Europeu, especialmente os países que ainda não adotaram o euro, como Polônia, Hungria, Romênia, Bulgária. O interior da República Tcheca também segura nossos gastos. Bósnia, Macedônia e Montenegro, nos Bálcãs, são particularmente em conta. Mas de toda a Europa Oriental (ou apenas de toda a Europa), arrisco dizer que a Ucrânia é o país mais barato. Já entre as grandes capitais da Europa Ocidental, Berlim é uma das mais acessíveis. E Lisboa tem um custo de vida mais baixo do que a média.

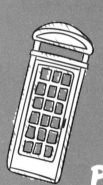

PAPO VIAJANTE

OUTRA CIDADE EUROPEIA ONDE VOCÊ ECONOMIZA É... LONDRES!

Ops! Eu seria internado se incluísse a capital britânica na lista dos lugares mais baratos da Europa... Mas talvez essa cidade seja a que ofereça o maior número de museus top com entrada franca – como British Museum, National Gallery, Natural History Museum, Science Museum, Victoria & Albert Museum, Tate Modern, Imperial War Museum –, além de mercados, feiras, parques, centros culturais, todos gratuitos. Então, merece menção, sim, e quem sabe possa entrar para a sua lista das cidades onde gastou pouco, caso você consiga economizar em acomodação, comida e transporte (já que tudo isso é caríssimo por lá).

ÁFRICA: quase todos os países do continente – desde que você viaje como um nativo, isto é, utilizando os mesmos hotéis, restaurantes e transporte público que o povo. Nada em geral muito confortável (a grande população africana, afinal, não vive no conforto). Já a África para turistas é bem cara. Se não quer gastar muito, mas também não quer uma viagem tão rústica, considere Egito e Marrocos: são dois dos países mais em conta do continente (embora eu ache que a cultura e as paisagens desses países lembrem mais o Oriente Médio do que a África propriamente).

ÁSIA: Vietnã, Tailândia, Laos, Mianmar, Camboja, Filipinas, Indonésia, Índia, Nepal, Sri Lanka, Paquistão. A Ásia é, de modo geral, o mais barato dos continentes (claro que há países que são grandes exceções, como o Japão), e, de todo o seu vasto território, o Sudeste Asiático é a região com mais baixo custo de vida. Pode não ser muito fácil, financeiramente, ir até lá desde o Brasil, mas, uma vez lá, viajar, comer, dormir, passear, é tudo bem em conta.

OCEANIA: Tonga, Samoa, Fiji, Ilhas Salomão. Definitivamente, não é um continente barato. As ilhas do Pacífico Sul são em geral turísticas e, pelos custos, restritas a poucos afortunados; ainda assim, muitos viajantes consideram as ilhas mencionadas acima como as mais acessíveis. Já voos para esses locais desde o Brasil são realmente caros...

QUANDO VIAJAR

NA BAIXA TEMPORADA: em geral, nos meses de abril, maio, setembro, outubro (longe das férias de verão e de inverno), quando tarifas aéreas costumam ser mais baratas, hotéis podem fazer promoções, restaurantes dispensam reservas e museus e atrações não estão tão cheios.

DURANTE A SEMANA: sempre evitando feriadões e grandes festividades, principalmente no Brasil.

PARA COMPRAR A PASSAGEM

ACOMPANHE SITES DE PROMOÇÕES: como o Melhores Destinos, que informa boas reduções nas tarifas de companhias aéreas. Peça para ser notificado de promoções – surgiu uma passagem em conta para o destino que você deseja conhecer, em datas que você pode viajar: aproveite, não espere a promoção desaparecer (e você se arrepender!).

SIMULE COMPRAS DE PASSAGEM EM SITES DE COMPARAÇÃO DE PREÇOS: como Skyscanner, que indica as melhores tarifas de diferentes companhias, podendo informar sobre os dias (e até os meses) mais baratos para viajar, caso você tenha flexibilidade ou ainda não tenha data certa para a viagem. Através desse site, é possível escolher até o destino pelos preços – as localidades estão listadas de acordo com o valor: da mais barata à mais cara.

VERIFIQUE SITES QUE VENDEM PASSAGENS ADQUIRIDAS COM MILHAS: como o MaxMilhas, que compra milhas aéreas, converte em passagens e depois vende as passagens de avião, que podem ter bons descontos em relação ao valor das tarifas nas próprias companhias aéreas.

ESPERE POR PROMOÇÕES DE PASSAGENS AÉREAS: no Brasil, as companhias Latam, Gol, Azul e Avianca, de tempos em tempos, baixam suas tarifas (ou cobram valores menos exorbitantes), e isso geralmente acontece nos fins de semana; então, vale esperar pela sexta à noite para ver se vai rolar alguma promoção amiga.

TROQUE PONTOS DO CARTÃO DE CRÉDITO POR MILHAS AÉREAS: cadastre-se num programa de milhas (Multiplus, Smiles, Amigo, Tudo Azul) e pague tudo, das despesas mais baixas às mais elevadas, com cartão de crédito. O pagamento da fatura gera pontos, que podem ser convertidos em pontos dos programas de milhagem.

PROCURE UMA PASSAGEM QUE TENHA O SEU DESTINO FINAL COMO CONEXÃO: quase uma transgressão, mas não é exatamente errado nem ilegal. Senta que vou explicar: se você pretende voar de Porto Alegre a São Paulo, por exemplo, mas a passagem está muito cara, confira de Porto Alegre a Florianópolis (pode tentar outras cidades também) e procure pelos voos que fazem conexão em São Paulo (sim, embora São Paulo esteja ao norte de Floripa, não são raros os trajetos em que o primeiro voo vai além do destino para no segundo voo voltar). É possível que o voo que tem a conexão (como Porto Alegre–Florianópolis via São Paulo) seja mais barato do que o voo direto, e isso no mesmo trajeto, mesmo dia e horário. E aí, quando o avião pousar no aeroporto da capital paulista, você já chegou onde queria, não pega o segundo voo à capital catarinense. Dois detalhes bem importantes para voar nesse esquema: a passagem comprada deve ser só de ida, porque, se houver uma volta na mesma reserva, como você não embarca no segundo voo (da ida), você perde também o restante da passagem (no caso, a volta). Portanto, deve fazer duas compras distintas: uma para ida, outra para volta. E você não pode despachar bagagem: obrigatoriamente sua maleta deve viajar na cabine, pois a mala despachada sempre vai para o destino final. Nessa situação, se houver bagagem, você até pode descer em São Paulo, mas sua malinha só vai aparecer em Floripa.

Testando, na prática, a dica acima: Estou simulando, num determinado dia, uma viagem de Porto Alegre (POA) a São Paulo/ Congonhas (CGH), com a Latam, saída 11:10, chegada 12:40, voo JJ3836, valor da tarifa light: R$ 687,80. Pois vamos ver como seria se fosse de Porto Alegre a Florianópolis (FLN), no mesmo dia. Há um voo com conexão que sai às 11:10, chega a São Paulo/Congonhas às 12:40, de onde sai outro às 13h30, chegando a Floripa às... na verdade, esta sequência não me interessa. Quero saber apenas do primeiro trecho, que é o voo JJ3836, ou seja, é o mesmo voo direto POA-CGH que consultei antes. Pois agora, a mesma tarifa light de toda a viagem, incluindo esta conexão, custa R$ 213,90 – um terço do valor da anterior! (Apenas lembre-se de que nesse esquema deve comprar os trechos de ida e volta separados e não pode despachar bagagem). Sair no aeroporto da conexão, ao invés de no destino indicado da passagem, não é ilegal, e, se você acha que fazer isso é errado, é bem menos errado do que a companhia cobrar, num trecho direto e de maior procura, 3 vezes o valor num mesmo assento! (Nem sempre a diferença é tão grande assim... mas, se a companhia aérea pode cobrar R$ 213,90 pelo assento que você ocupa de POA a SP – num voo com destino final Floripa –, certamente poderia cobrar R$ 213,90 apenas pelo voo POA-SP).

VOAR DE GRAÇA (sim, não é impossível)

PELO BRASIL, NUM AVIÃO DA FAB: entre em contato com a base aérea da Força Aérea Brasileira e informe-se sobre a possibilidade de voar num de seus aviões, totalmente de graça. Só não dá para programar data, pois você recebe a confirmação do seu lugar no voo poucos dias antes da viagem – a cortesia é concedida em dia e hora em que houver assento disponível. Também não dá para definir a volta, já que procede o mesmo esquema.

MONTE UM PROJETO BACANA: e vá atrás de parceria com companhias aéreas, que poderiam lhe conceder as passagens. Importante que no projeto fique claro o que a empresa vai ganhar e como a marca da empresa vai aparecer. Não é tão difícil de conseguir isso (eu consegui ;-)) !

TRANSPORTES A UTILIZAR

AVIÃO: na Europa e na Ásia, com as companhias low cost, de baixo orçamento, como RyanAir, EasyJet e AirAsia. No Brasil, não temos aerovias assim; é preciso esperar (e torcer) por alguma boa promoção das nossas companhias aéreas.

TREM: geralmente não é o meio de transporte mais barato, mas em alguns países pode haver trajetos em conta. Se viajar para a Europa, confira os passes de trem; podem valer a pena – ao menos pelo custo-benefício do passeio.

ÔNIBUS: geralmente o transporte público mais barato. Na Europa há até passe de ônibus, além de companhias, como a Megabus (que também opera nos EUA e Canadá), que cobram, eventualmente, passagens por apenas 1 euro!

CARRO ALUGADO: vale muito a pena, ainda mais se você estiver em duas ou mais pessoas para compartilhar os custos. De qualquer maneira, é importante pesar na balança outras despesas (seguros, motorista adicional, devolução em outra cidade etc), que podem encarecer o orçamento final, especialmente se você estiver sozinho.

CARRO ALUGADO A SER DEVOLVIDO: a ideia é interessante, só tem que ver na prática se funciona bem (confesso que nunca utilizei). Carros frequentemente são alugados numa cidade e devolvidos em outra, certo? Pois nos EUA, Canadá, Austrália e Nova Zelândia, você pode transportar sem custos o carro de locadoras que precisam que alguém conduza o veículo para a cidade onde ele foi alugado. Se a rota coincidir com o trajeto que você quer fazer, e tudo for realmente de graça (ou quase, verifique bem), perfeito. O site TransferCar organiza esse serviço.

CARRO PRÓPRIO: uma beleza para viajar pela América do Sul, parando onde quiser. Mas lembre-se que para atravessar a fronteira brasileira o carro deve estar no seu nome ou no de alguém que esteja viajando junto.

MOTO: ainda mais econômico do que o carro. Mas é bom ter a manha para percorrer vários quilômetros dirigindo uma moto.

BICICLETA: ainda mais econômico do que a moto. Aliás, mais econômico – e saudável – do que qualquer outro transporte! Mas é bom ter a manha (e o fôlego) para percorrer vários quilômetros de estrada pedalando. E é importante ter uma boa bike também.

CARONA: OK, esse meio pode ser ainda mais econômico que a bicicleta – se a carona for totalmente gratuita. E atenção, muita atenção à segurança. Se não se sentir confortável, não encare. Aplicativos podem ajudar conectando motoristas com caroneiros (mas a carona não é gratuita). Um dos apps mais conhecidos a fazer esse *match* é o BlaBlaCar.

NO AEROPORTO

EMBARQUE: viaje light, com uma malinha, ou uma mochila, de até 10 quilos, que você levará na cabine, e mais nada (sim, é bem possível viajar assim). No Brasil, com as novas regras tarifárias, mala despachada passou a ser cobrada, e muitas companhias no exterior também fazem isso.

COMES E BEBES: leve o seu lanchinho ou faça refeições antes: comer em aeroporto é caro pra caramba (e nos voos domésticos raramente oferecem comida de graça). Água, leve uma garrafinha vazia ou beba tudo antes de passar pelas máquinas de raios X, pois não permitem entrar na área de embarque com recipientes (abertos) com líquido (nos voos internacionais, nem recipientes fechados, se acima de 100ml) – mas depois, após passar pela segurança, sempre haverá um bebedouro na área de embarque para você encher a sua garrafinha.

ONDE DORMIR

HOSTEL: normalmente é a acomodação mais barata, em dormitórios compartilhados com outros viajantes. E quanto mais beliches há no quarto mais barata costuma ser a diária do albergue.

HOTEL RESERVADO PELA INTERNET: a tarifa de balcão – aquela divulgada para quem chega no hotel sem ter feito reserva – costuma ser bem mais cara. Preferencialmente, reserve com algum tempo de antecedência, checando tanto em sites, como o Booking.com, como no próprio site do hotel.

HOTEL INCLUÍDO NUM PACOTE: pode ser mais em conta do que num hotel reservado pela internet de forma independente (principalmente no Brasil), graças ao poder de barganha de grandes operadoras (como a CVC) que, em parceria com redes hoteleiras, promovem esses pacotes – que podem incluir ainda passagem aérea, traslados e passeios. Confira nas operadoras de turismo ou em agências de turismo.

QUARTO DE HOTEL SEM BANHEIRO PRIVATIVO: alguns hotéis que têm quartos (poucos) assim, que, pode apostar, são mais baratos – às vezes nem são anunciados, mas você pode perguntar, principalmente em estabelecimentos de 3 estrelas para baixo.

POUSADAS, GUESTHOUSES, BED & BREAKFAST: alternativa geralmente mais barata do que o hotel, com menos quartos, administração caseira e atendimento mais personalizado. Pode valer bastante a pena, e não somente pelo preço.

CASA DE AMIGOS: nada se compara a essa barbada, né! Pena nem sempre termos a sorte de ter um amigo ou familiar (e com uma cama disponível) morando justamente na cidade que queremos visitar.

CASA DE DESCONHECIDOS: se não temos a sorte de ter um amigo por lá... temos o *Couchsurfing*, site que permite conhecer moradores que disponibilizam a própria casa e uma cama – ou um sofá, como sugere o nome em inglês – para visitantes. De graça. Apenas pelo prazer de interagir com viajantes.

CASA OU QUARTO ALUGADO: nenhum site promove isso melhor do que o Airbnb, pelo qual você contata diretamente o dono da casa ou apartamento (que pode morar lá) e combina com ele a sua estadia. Mas atenção: apesar de bastante popular hoje em dia, nem sempre esse tipo de hospedagem é tão em conta assim.

CAMPING: requer uma barraca, saco de dormir e mais uma estrutura mínima; além de muito econômico, costuma ser uma delícia dormir junto à natureza. Quem nunca acampou, em algum momento da vida deveria experimentar.

ÔNIBUS OU TREM: ou seja, você viaja à noite, ganha tempo e economiza na hospedagem. Verifique, porém, se a paisagem do trajeto, por sua beleza, não mereceria ser contemplada à luz do dia; neste caso, o percurso faz parte da curtição da viagem, e é preferível viajar durante o dia, bem acordadinho.

DENTRO DO CARRO: ideal para até duas pessoas. Estacione num lugar seguro, libere o espaço do porta-malas e vire o banco de trás (o que é possível de fazer na maioria dos veículos): você terá uma bela cama de casal. Convém ter um edredom para improvisar como colchão, a fim de que a base fique mais confortável. Dormi muito assim quando viajei de carro até a Terra do Fogo, e dormi muito bem.

NO AEROPORTO: isso é quase uma roubada, mas é melhor do que dormir em praça pública ou em estações de trem. Acho mais aceitável se você chega de madrugada e não quer gastar uma diária de hotel ou albergue; com sorte, se você esperar um pouco e chegar no hotel/albergue de manhã, pode até já conseguir um quarto/cama. Mas ainda que alguns aeroportos tenham espaços mais ou menos confortáveis, não dá para fazer isso todo dia. O site SleepingInAirports.net dá dicas para quem deseja encarar.

EM LOCAIS ONDE VOCÊ TROCA O VALOR DA HOSPEDAGEM POR TRABALHO: pode ser um hostel, uma fazenda, uma comunidade alternativa, até mesmo uma casa de família (e a alimentação pode estar incluída) – mas cuidado para o excesso de horas de trabalho (e a falta de tempo para o lazer), para que isso não vire trabalho escravo. Você consegue esse tipo de permuta através de sites como o WorkAway.info.

TROCANDO SUA CASA PELA DE UM MORADOR LOCAL: Kate Winslet e Cameron Diaz já fizeram isso no cinema (no filme *The Holiday – O Amor Não Tira Férias*). O site HomeExchange.com conta com mais de 65 mil casas cadastradas em mais de 150 países e é uma das plataformas mais populares nesse intercâmbio de lares, que consiste na troca de residência, por determinado período, entre pessoas que vivem em diferentes lugares: você fica na casa do cidadão, e ele na sua (ainda que isso possa não acontecer simultaneamente).

PARA SE LOCOMOVER NAS CIDADES

A PÉ: caminhe, caminhe e caminhe. 100% de graça, 100% saudável – e é a melhor forma de conhecer um lugar.

BICICLETA: muitas cidades (quase todas as desenvolvidas) têm ciclovias ou ciclofaixas e disponibilizam facilmente bicicletas para locomoção urbana (de uso gratuito por um período de tempo) – ou contam com vários locais para locação por dia ou por semana. Aproveite: é saudável, econômico e muito gostoso.

COM UM PASSE DE ÔNIBUS/METRÔ: nas cidades brasileiras não é tão comum, mas nas europeias, sim, o que pode ser uma boa para quem for utilizar muito o transporte público. Mas, antes de adquiri-lo, planeje seus itinerários, para ter certeza de que esse passe valerá a pena e será mais vantajoso do que pagar passagens avulsas de ônibus ou metrô.

UBER E AFINS: você já conhece, né? Pois, apesar de toda a polêmica em torno desse tipo de transporte, ele existe em várias cidades do mundo e é quase sempre mais econômico do que o táxi. A única diferença em relação ao uso no Brasil é que na fatura do seu cartão o valor desse transporte virá como uma conversão do dólar.

PARA PASSEAR

EM PARQUES, PRAÇAS, PRAIAS, MERCADOS, FEIRAS: ou seja, em locais públicos. Se o dia estiver ensolarado, nada melhor do que aproveitar um lugar aberto (em todos os sentidos).

EM SHOWS E EVENTOS CULTURAIS GRATUITOS: toda cidade tem eventos democráticos assim, muitos a céu aberto. Informe-se. Além de se divertir sem gastar nada, você tem a oportunidade de conviver com nativos e entender melhor a cultural local.

EM MUSEUS E ATRAÇÕES COM ENTRADA GRATUITA: procure saber desses lugares. Eventualmente, a entrada liberada ocorre em algum dia da semana ou após (até) determinado horário.

COM UM PASSE OU CARTÃO DA CIDADE: tal como o passe de transportes (que pode ser o mesmo), também é mais comum em cidades da Europa do que nas do Brasil. Com esse passe, você pode entrar em várias atrações; só tem que se programar bem e planejar o seu dia, calculando se o custo do cartão é vantajoso em relação à compra de ingressos avulsos para os locais.

COM UM INGRESSO COMPRADO PELA INTERNET: reservar ou comprar previamente pode garantir algum desconto, além de frequentemente permitir que você escape de uma longa fila para entrar naquela atração.

EM PASSEIOS PROMOVIDOS PELO HOSTEL: costumam ser divulgados na recepção ou num mural do albergue, podendo ser de graça; caso sejam cobrados, possivelmente custarão menos do que numa agência de turismo.

INTEGRANDO UM *FREE WALKING TOUR*: muitas cidades turísticas oferecem isso: um guia, geralmente um nativo, reúne grupos de visitantes em determinado ponto de encontro (quase sempre um local turístico) onde inicia um percurso, a pé, por lugares interessantes, contando curiosidades a respeito. Oficialmente é de graça, mas espera-se que você deixe uma gorjeta (geralmente o equivalente a 5 ou 10 dólares/euros, dependendo do quão legal foi o passeio e o guia).

ONDE/O QUE COMER

LONGE DE RESTAURANTES TURÍSTICOS: restaurantes populares, onde os nativos comem, têm sempre os preços mais amigáveis, principalmente na África e na América Latina.

NO MAIS TURÍSTICO DOS RESTAURANTES: ao contrário do que disse antes, o restaurante oferece um *tourist menu*, que pode ser o que há de mais barato (mas não espere que seja o melhor) para dois ou três pratos; isso é mais comum em algumas cidades europeias.

LANCHES OU COMIDA DE SUPERMERCADO: pegue uma baguete, queijos, tomate (embora possa ser necessário um canivete ou faca para cortá-lo), e o que mais você desejar – e monte o seu sanduíche, que ficará ainda mais gostoso se saboreado num lugar legal. Alguns supermercados possuem área de alimentação, onde dispõem de micro-ondas, que você pode utilizar para descongelar ou aquecer alguma comida comprada no local.

LANCHES NA RUA: o que não falta hoje em dia são *food trucks*, seja a boa e velha carrocinha de cachorro-quente ou um trailer que prepara kebabs. Sem dúvida, é uma boa economia em relação a restaurantes – só não dá para se alimentar disso todo dia, já diria sua mãe!

LANCHINHO DO CAFÉ DA MANHÃ: isto é, um sanduíche, um pãozinho, uma banana, maçã ou pote de iogurte delicadamente surrupiados do breakfast de seu hotel ou albergue. Garante uma economia no lanche da tarde, né? Tá, é mico, eu sei, mas que atire o primeiro croissant o viajante que nunca fez isso...

NA COZINHA DO ALBERGUE: que é disponibilizada na maioria dos hostels, para quem deseja preparar a sua própria janta – como uma massa com atum, ou qualquer outro tipo de comida. Mas não vale fazer isso sempre, hein! Saia e descubra os sabores da culinária local, a gastronomia típica faz parte da viagem!

NA CASA DE NATIVOS: que tal almoçar ou jantar na casa de um morador? Não é de graça, e talvez nem seja tão barato como se imagina, mas a experiência pode valer a pena. Espécie de Airbnb da gastronomia, o site dinneer.com promove isso.

E AINDA

VIAJAR COM UM GUIA DE VIAGENS: embora existam muitos blogs e sites de turismo disponíveis na internet, nada se compara a um guia confiável, com a informação toda organizada. Esses livros invariavelmente apresentam boas dicas, que o ajudam a economizar o seu dinheiro e escapar das roubadas. Comece a ler já na fase do planejamento.

PECHINCHAR: por que não? Em todo lugar, mesmo na Europa, pedir um desconto pode garantir alguma economia – e em alguns, como Índia, Tailândia, Turquia, Marrocos, Egito, é até esperado que o comprador barganhe (aliás, nesses lugares, nem tem graça comprar sem pechinchar...). O pior que pode acontecer é você ouvir um "não" em diferentes idiomas... (E o melhor é você ganhar um "OK, OK, OK", numa divertida interpretação cômico-dramática do seu vendedor!)

APROVEITAR: não adianta gastar pouco e não curtir. Portanto, mais do que economizar, a palavra de ordem é aproveitar! As lembranças serão sempre do que você fez, de onde você esteve ou de como se divertiu – nunca de quanto gastou.

COMPRE UM ·LIVRO· doe um livro

NOSSO PROPÓSITO É TRANSFORMAR A VIDA DAS PESSOAS ATRAVÉS DE HISTÓRIAS. EM 2015, NÓS CRIAMOS O PROGRAMA COMPRE 1 DOE 1. CADA VEZ QUE VOCÊ COMPRA UM LIVRO DA BELAS LETRAS VOCÊ ESTÁ AJUDANDO A MUDAR O BRASIL, DOANDO UM OUTRO LIVRO POR MEIO DA SUA COMPRA. TODOS OS MESES, LEVAMOS MINIBIBLIOTECAS PARA DIFERENTES REGIÕES DO PAÍS, COM OBRAS QUE CRIAMOS PARA DESENVOLVER NAS CRIANÇAS VALORES E HABILIDADES FUNDAMENTAIS PARA O FUTURO. QUEREMOS QUE ATÉ 2020 ESSES LIVROS CHEGUEM A TODOS OS 5.570 MUNICÍPIOS BRASILEIROS.

SE QUISER FAZER PARTE DESSA REDE, MANDE UM E-MAIL PARA
livrostransformam@belasletras.com.br

Este livro foi composto em Aller e impresso em papel pólen 80g. pela gráfica Copiart em janeiro de 2018.